Maya Angelou

Mit jedem Schlag unserer Flügel

Aus dem amerikanischen Englisch
von Marieke Heimburger

Suhrkamp

Die amerikanische Originalausgabe erschien 2002
unter dem Titel *A Song Flung Up to Heaven*
bei Random House, New York.

Klimaneutral
Druckprodukt
ClimatePartner.com/14438-2110-1001

Erste Auflage 2024
suhrkamp taschenbuch 5375
Deutsche Erstausgabe

Umschlaggestaltung: hißmann, heilmann, hamburg
Umschlagfoto: mauritius images/Irwin Photographics/Alamy/
Alamy Stock Photos
Druck und Bindung: CPI books GmbH, Leck
Printed in Germany
ISBN 978-3-518-47375-7

www.suhrkamp.de

Mit jedem Schlag
unserer Flügel

Für
Caylin Nicole Johnson
Brandon Bailey Johnson
und meine ganze Familie
wo immer und wer immer ihr seid

1

The old ark's a-movering
a-movering
a-movering
the old ark's a-movering
and I'm going home.

Amerikanisches Spiritual über die Arche Noah
aus dem 19. Jahrhundert

Die alte Arche war ein Düsenjet der PanAm, und ich kehrte darin zurück in die Vereinigten Staaten. Der Jet war in Johannesburg gestartet und nahm bei seiner Zwischenlandung in Accra, Ghana, weitere Fluggäste auf.

In traditioneller westafrikanischer Kleidung ging ich an Bord und fühlte mich sofort und zum ersten Mal seit Jahren deplatziert. Mich beschlich ein Unbehagen, noch bevor ich meinen Sitz ganz hinten im Flugzeug erreichte. Die ersten paar Minuten vertrieb ich mir damit, meine Taschen, Souvenirs, Geschenke zu sortieren. Als ich endlich auf dem schmalen Sitz Platz nahm, sah ich mich um und wusste sofort, woher dieses Unbehagen kam. Ich war von mehr Weißen umgeben, als ich in den letzten vier Jahren zusammengenommen gesehen hatte. Es war mir in dieser Zeit nicht weiter aufgefallen, schließlich gab es an meinem Arbeitsplatz, der Universität, durchaus europäische, kanadische und weiße amerikanische Dozenten. Roger und Jean Denoud, die für die Vereinten Nationen arbeiteten, waren enge Freunde von mir geworden und hatten mir dabei geholfen, meinen jugendlichen Sohn großzuziehen – oder vielmehr zu bändigen. Meine Verstörung rührte also nicht daher, weiße Gesichter zu sehen, sondern daher, so viele davon auf einmal zu sehen.

Die nächsten sieben Stunden dachte ich nach über das Leben, das ich hinter mir ließ, und die Verhältnisse, in die ich zurückkehrte. Mir ging durch den Kopf, wie unterschiedlich sie waren, die Gesichter, von denen ich mich gerade mit Umarmung verabschiedet hatte, und jene hier an Bord, die mich und andere in Accra zugestiegene Schwarze verächtlich oder regelrecht angewidert ansahen. Ich dachte an meinen wilden neunzehnjährigen Sohn, den ich nun einer befreundeten ghanaischen Familie überließ. Genau wie dem wachsamen Auge und, so hoffte ich, der liebevollen Fürsorge Gottes, der einzigen Macht, die meinen Sohn in Schach halten konnte.

Ich dachte auch nach über das politische Klima, das ich verließ. Alle wussten, dass sich in diesen Tagen regierungsfeindliche Kräfte zusammenschlossen, um das Regime von Kwame Nkrumah, Ghanas kontroversem, hoch verehrtem, aber auch zutiefst verhasstem Präsidenten zu stürzen. Die Atmosphäre war schwanger von Beschuldigungen, Bedrohungen, Angst, Schuld, Gier und Willkür. Immerhin waren hier alle sichtbaren Beteiligten Schwarz, im Gegensatz zu der Bevölkerung des Landes, in das ich zurückkehrte. Mir war klar, dass es in den Vereinigten Staaten nicht weniger turbulent zuging als in Ghana. Wenn ich Briefen und

Zeitungen aus der ganzen Welt glauben durfte, dann tobten überall Unruhen und Chaos. Überall im Land riefen Schwarze »Burn, Baby, Burn« – »Brenn, Baby, brenn!« – und veranstalteten keine Sitzstreiks und Demos mehr, sondern plünderten Läden und zündeten sie an.

Malcolm X hatte bei seinem letzten Besuch in Accra von seinem Wunsch erzählt, eine Organisation namens African-American Unity zu gründen. Er wollte die Not der Afroamerikaner den Vereinten Nationen vortragen und den Weltrat bitten, sich für die Schwarzen in Bedrängnis einzusetzen. Die Idee war bei der afroamerikanischen Community in Accra so gut angekommen, dass ich zu dem Schluss kam, in die Staaten zurückzukehren, um beim Aufbau dieser Organisation zu helfen. Auch andere in Ghana lebende und arbeitende Afroamerikaner wie Alice Windom und Vickie Garvin, Sylvia Boone und Julian Mayfield erklärten sich sofort bereit, die Sache zu unterstützen. Kaum hatte ich meine Freunde, Kumpels, Kameraden über meinen Plan informiert, nach Amerika zurückzukehren, um mit Malcolm zusammenzuarbeiten, behandelten sie mich auf einmal, als sei ich etwas ganz Besonderes. Sie redeten nicht mehr so laut, wenn ich in der Nähe war, klopften mir nicht mehr auf den Rücken, wenn sie lachten, und wiesen mich nicht auf meine Schwächen hin. Ich war in ihrem Ansehen ein ganzes Stück gewachsen.

Wir alle lasen Malcolms letzten Brief an mich.

Liebe Maya,
ich war richtig schockiert und gleichzeitig überrascht, als dein Brief kam, aber ich habe mich auch gefreut,

weil ich nur zwei Monate auf ihn warten musste, statt wie beim letzten fast ein Jahr. Wie du siehst, habe ich meinen Humor nicht verloren. (grins) Du hast sicher Recht, wenn du sagst, dass wir uns zu oft einer Sprache bedienen, die den meisten zu hoch ist und die sie darum nicht erreicht, und dass wir über die Köpfe der Massen hinwegreden. Du *kannst kommunizieren, weil* du *so viel (Seele) hast und immer mit beiden Beinen fest auf dem Boden stehst. Anbei ein paar Artikel, mit deren Hilfe du dir eine Vorstellung davon machen kannst, was ich hier täglich erlebe, dann wirst du besser verstehen, warum es manchmal so lange dauert, bis ich dir schreibe. Es freut mich zu hören, dass du dieses Jahr womöglich herkommst. Du schreibst wunderbare Texte und bist eine wunderbare Frau. Du weißt, dass ich jederzeit alles in meiner Macht Stehende tun werde, um dir behilflich zu sein, also bitte keine falsche Bescheidenheit.*

Gezeichnet
Dein Bruder Malcolm

Ich sah mich unter den südafrikanischen Gesichtern im Flugzeug um und dachte an Vus Make, meinen letzten Ehemann, von dem ich mich getrennt hatte. Er und die Mitglieder des Pan-Afrikanischen Kongresses sowie Oliver Tambo, der stellvertretende Präsident des African National Congress, glaubten wirklich, dass sie bei den apartheidsverliebten Buren einen Sinneswandel herbeiführen könnten, auf den eine Verhaltensänderung folgen würde. In den frühen Sechzigern nannte ich sie Phantasten. Wenn ich an Robert Sobukwe dachte, den Leiter des Pan-Afrikanischen Kongresses, der mehrere Jahre im Gefängnis verbracht hatte, und Nelson Mandela, der vor Kurzem festgenommen worden war, dann konnte ich mir nichts anderes vorstellen, als dass sie den Rest ihres Lebens von der Welt isoliert hinter Schloss und Riegel verbringen würden. Ich dachte, diese beiden Männer würden trotz der Leidenschaft, mit der sie ihre vollkommen berechtigte Sache betrieben, nichts weiter werden als Fußnoten auf einer Seite im Geschichtsbuch der Welt.

Angesichts der sich nun abzeichnenden Entwicklungen hatte ich ein klein wenig Mitleid mit den Buren und gratulierte mir und allen anderen Afroamerikanern zu unserer Courage. Die Begeisterung, die mein Volk unter Malcolms Führung zeigte, würde uns dabei helfen, unser Land ein für alle Mal vom Rassismus zu befreien. Die Afrikaner in Südafrika sagten oft, Martin Luther King jr. und der Busboykott von Montgomery 1958 hätten sie inspiriert. Wir aber wollten ihnen etwas Neues liefern, etwas Visionäres, zu dem sie aufsehen konnten. Wenn wir uns selbst und unser Land erst vom Hass befreit hätten, würden sie sich anschauen können, wie wir das gemacht haben, sich ein Beispiel an uns nehmen und in ihrem Land genauso die Glocken der Freiheit läuten lassen wie wir in unserem.

Süße Zukunftsträume dämpften den heftigen Schmerz darüber, sowohl meinen Sohn als auch den anderen wichtigen Mann in meinem Leben zu verlassen. Guy würde im Laufe der Zeit schon erwachsen und zu einem anständigen

Kerl werden, aber mein Romeo würde nie in meine Welt passen und ich nie in seine.

Er war ein mächtiger Westafrikaner, wie ein Hurrikan kam er in mein Leben getobt. Er entwurzelte meine sorgsam gehegten Ansichten und warf meine tiefsten Überzeugungen in Sachen Anstand über den Haufen.

Ich war schon oft verliebt gewesen, bevor ich ihn kennenlernte, aber ich hatte mich noch nie jemandem vollkommen ergeben. Ich hatte mein Wort und meinen Körper gegeben, aber nie meine Seele. Der Afrikaner war es gewohnt, dass man ihm gehorchte, und er bestand darauf, mich komplett für sich zu haben. Er erfüllte mich so sehr, dass ich nicht in der Lage – oder zumindest nicht willens – war, mich ihm zu widersetzen.

Einen Monat, nachdem ich meine Selbstbestimmung und mein Leben in die Hände eines anderen gegeben hatte, wurde mir bewusst, dass ich einen riesigen Fehler begangen hatte. Wenn ich Huhn wollte, wollte er Lamm, und ich fügte mich. Wenn ich Reis wollte, wollte er Yamwurzeln, und ich fügte mich. Er sagte, ich müsse mich allem beugen, was er wollte, und ich fügte mich. Wenn mir nach Freunden war, er aber mit mir allein sein wollte, fügte ich mich.

Die Enge seiner Umarmung bekam ich zu spüren, als ich zum ersten Mal noch aufbleiben und lesen, er aber ins Bett gehen wollte.

Wo er, wie er hinzufügte, mich brauchte.

Ich fügte mich.

Aber ich dachte: Er *brauchte* mich? Brauchte mich wie eine zusätzliche Decke? Wie die Klimaanlage? Wie etwas mehr Pfeffer in der Suppe? Es behagte mir nicht, als Ding betrachtet zu werden, musste aber zugeben, dass ich die Situation selbst zuließ und keinen Grund hatte, mich über irgendjemanden außer mich selbst zu ärgern.

Jedes Mal, wenn ich zugunsten seines Lamms auf mein Huhn verzichtete, aß ich weniger. Wenn ich auf einen Abend mit Freunden verzichtete, genoss ich seine Gegenwart weniger. Und wenn ich ihm folgte und mein Buch auf dem Tisch liegen ließ, war auch meine Lust auf das Schlafzimmer jedes Mal geringer.

»Ihr Amerikaner seid so stur, dumm und verrückt. Warum habt ihr Präsident Kennedy ermordet?« Er hörte nicht, wie ich sagte: »Ich habe den Präsidenten nicht ermordet.«

Meine Rückkehr in die Vereinigten Staaten kam zu einem sehr günstigen Zeitpunkt. Ich konnte meinen Sohn den Hürden seiner Mannwerdung überlassen; ich würde meine große, verzehrende Liebe zu seinen gehorsamen Untertanen zurückkehren lassen; und ich würde wieder mit Malcolm X arbeiten und die Organization of African-American Unity aufbauen.

Als wir in New York landeten, hatte ich meine schmähenden Gedanken zu den weißen Rassisten an Bord wieder verworfen und sogar ein klein wenig Mitleid mit ihnen bekommen.

Was mich traurig stimmte, war ihre geistige Unreife. Eines war sicher: Sobald wir Schwarzen Amerikaner unser Land auf Spur hatten, würden die Xhosas, die Zulus, die Matabeles, die Shonas und andere im südlichen Afrika die Weißen aus der finsteren Ignoranz ins gleißende Licht der Erkenntnis führen.

Die Geräusche am Flughafen überraschten mich. In Afrika war es oft laut, viele Sprachen wurden durcheinander gesprochen, Kinder weinten, Trommeln dröhnten. Doch am New Yorker Flughafen Idlewild dominierte mit herrischer Penetranz vor allem eines: Geschrei. Es wurde gerufen und befohlen, gebrüllt, beschworen und gefordert, Hupen plärrten und Stimmen dröhnten. Ich suchte mir eine Wand, an die ich mich anlehnen konnte. Vier Jahre lang war ich weg gewesen von dieser Kakophonie, jetzt war ich wieder zu Hause.

Als ich mich gesammelt hatte, suchte ich mir eine Telefonzelle.

Mir war klar, dass ich noch nicht bereit war für New Yorks heftige Energie, aber jetzt musste ich das erst einmal meinen New Yorker Freunden vermitteln. Ich hatte Rosa Guy, meiner mich stets unterstützenden schwesterlichen Freundin geschrieben, und sie erwartete mich. Und ich musste Abbey Lincoln anrufen, die Jazzsängerin, sowie ihren Mann, Max Roach, den Jazzdrummer, die mir ein Zimmer in ihrer Wohnung an der Columbus Avenue angeboten hatten, das ich dankend ablehnte. Vor allem aber musste ich mit Malcolm sprechen.

Seine Telefonstimme überraschte mich. Mir ging auf, dass ich noch nie mit ihm telefoniert hatte.

»Maya, endlich bist du hier. Wie war die Reise?« Seine Stimme klang höher als erwartet.

»Gut.«

»Bleib einfach am Flughafen, ich hole dich ab. Ich fahre sofort los.«

Ich unterbrach ihn. »Ich fliege direkt weiter nach San Francisco. Mein Flug geht gleich.«

»Ich dachte, du wolltest hier in New York mit uns arbeiten.«

»In einem Monat bin ich zurück ...« Ich erklärte, dass ich etwas Zeit mit meiner Mutter und meinem Bruder Bailey brauchte, bis ich mich wieder daran gewöhnt hatte, in Amerika zu sein.

Malcolm sagte: »Ich musste meinen Wagen im Holland-Tunnel stehen lassen. Da war jemand hinter mir her. Ich bin bei einem Weißen ins Auto gesprungen, der wurde ganz panisch. Ich hab ihm erklärt, wer ich bin, dann hat er gesagt: ›Ducken Sie sich, ich bringe Sie hier raus.‹ Glaubst du das, Maya?«

Ich sagte ja, aber es fiel mir schwer. »Ich rufe dich nächste Woche an, wenn ich richtig angekommen bin.«

Malcolm sagte: »Aber erst muss ich dir von Betty und den Mädchen erzählen.« Sofort erinnerte ich mich an die langen Nächte in Ghana, in denen unser Grüppchen ihm dabei zuhörte, wie er vom Kampf erzählte, von Rassismus, politischen Strategien und sozialen Unruhen – und von Betty. Seine Stimme nahm dabei einen weicheren Klang an und eine neue Melodie. Er erzählte uns, wie wahnsinnig intelligent sie war, wie schön, wie geistreich. Was für eine großartige Mutter und mutige, liebende Ehefrau.

Malcolm sagte: »Sie bereitet gerade ein wunderbares Abendessen vor. Du weißt, sie ist schön und schwanger. Also ganz schön schwanger.« Er lachte über seinen eigenen Witz.

Ich sagte: »Bitte grüß sie von mir. Ich muss mich beeilen, mein Flug. Ich melde mich nächste Woche.«

»Alles klar. Guten Flug.«

Ich rief auch noch schnell Max Roach und Abbey Lincoln an, um ihnen zu sagen, dass ich wieder da war. Auch sie boten mir an, mich vom Flughafen abzuholen, aber ich sagte, ich würde sie nächste Woche aus San Francisco anrufen.

Rosa Guy hörte sich meine Erklärung an und hatte Verständnis. Das Gespräch war sehr kurz.

Ich überlegte, James Baldwin anzurufen, der mir ein enger Freund geworden war. Wir hatten uns in den 1950ern in Paris kennengelernt, wo er schrieb und ich die Solotänzerin in der Oper *Porgy and Bess* war. Als ich 1960 in New York lebte, kamen wir uns näher. Jimmy war sehr vertraut mit dem Werk von Jean Genet, und als ich in Genets *The Blacks* die Weiße Königin spielte, half er mir an langen Abenden dabei, in die Rolle zu finden. Ich rief ihn dann doch nicht an, weil ich wusste, dass er mich dazu überreden würde, wenigstens einen Tag in New York zu bleiben. Seine zarte Statur, sein Humor und seine Liebe zu mir erinnerten mich so sehr an meinen Bruder Bailey, dass ich ihm nie ganz widerstehen konnte.

2

Meine Mutter erwartete mich am Flughafen von San Francisco. Sie war kleiner und hübscher, als ich sie in Erinnerung hatte. Sie gab mir einen Kuss: »Sag den *skycaps*, wie deine Koffer aussehen, dann bringen sie sie zum Auto.« Die Gepäckträger hatten nur Augen für meine Mutter. Sie tänzelten Aufmerksamkeit heischend um sie herum wie ein männliches Ballettensemble um die Primaballerina, aber sie schien das gar nicht zu bemerken. Mutter eilte mit mir zum Auto, und mein Herz hüpfte, denn auf der Rückbank saß Bailey. Er war extra aus Hawaii gekommen, um mich zu sehen, und fing sofort an zu reden und Fragen zu stellen.

Mutter sagte: »Sie ist hübscher geworden. Du bist eine schöne Frau, Baby.«

Bailey sagte: »Ja, aber gutes Aussehen liegt bei uns ja in der Familie. Dafür kann sie doch gar nichts. Erzähl mir von Guy.«

Mutter sagte: »Ich habe in der Zeitung gelesen, dass du zurückgekommen bist, um mit Malcolm X in irgendeiner neuen Organisation zu arbeiten. Ich will hoffen, dass das nicht stimmt. Das will ich schwer hoffen.« Sie hielt inne, dann fuhr sie fort: »Wenn du meinst, das tun zu müssen – unbezahlt zu arbeiten –, dann geh zurück zu Martin Luther King. Der versucht wirklich, uns Schwarzen zu helfen. Malcolm X ist ein Scharfmacher.«

Mir blieb die Luft weg, ich konnte nicht atmen. Genauso

plötzlich war wieder Luft da, und als ich gerade etwas erwidern wollte, berührte Bailey mich an der Schulter, und ich drehte mich zu ihm um. Er sah mich ernst an und schüttelte den Kopf. Ich hielt die Klappe.

Mein Bruder war zwar keine zwei Jahre älter als ich und gerade mal eins fünfundsechzig groß, aber solange ich mich erinnern konnte, war er mein Berater und Beschützer gewesen. Als wir drei und fünf waren, trennten unsere Eltern sich. Sie schickten uns ohne jede Begleitung von Kalifornien zu unserer Großmutter väterlicherseits in Stamps, einem Kaff in Arkansas. Da die Erwachsenen dort alle Fremde für uns waren, wurde Bailey das Oberhaupt einer Familie, die nur aus mir und ihm bestand. Er lernte schneller als ich, und er brachte mir bei, was ich tun sollte und wie.

Als ich sieben war, tauchte unser schmucker kalifornischer Vater in der staubigen Stadt auf. Nachdem er sämtliche Leute, einschließlich seiner Mutter, seines Bruders und seiner Kinder, mächtig geblendet hatte, brachte er Bailey und mich nach St. Louis, Missouri, wohin unsere Mutter nach der Scheidung zurückgekehrt war und wo wir fortan leben sollten. Es ging ihm dabei nicht so sehr darum, dass wir ein besseres Leben haben sollten, sondern darum, dem Leben, das meine hübsche Mutter als Single führte, ein Ende zu bereiten.

Meine Großmutter packte uns mitsamt einem Schuhkarton Fried Chicken in das Auto meines Vaters und weinte, als sie uns zum Abschied nachwinkte. Mein Vater fuhr praktisch ohne Pause durch, bis er uns in St. Louis meiner Mutter übergab.

Die ersten Monate waren wir fasziniert von der exotischen Familie aus dem Norden. Unsere Großmutter mütterlicherseits sah weiß aus und sprach mit deutschem Akzent. Unser Großvater war Schwarz und sprach mit trinidadischem Akzent. Ihre vier Söhne stolzierten ein und aus wie Halbstarke aus einem Film.

Wir staunten über das, was sie aßen. Es gab Leberwurst und Salami, was wir beides noch nie gesehen hatten. Ihr geschnittenes Brot war weiß und in fettiges, schmieriges Wachspapier verpackt, und nachdem wir immer nur hausgemachtes Eis gegessen hatten, glaubten wir nun, es gäbe nichts Besseres als bunte Scheiben von einem gefrorenen Dessert in Backstein-Form. Wir fanden es großartig, Großstadtkinder zu sein, bis der Freund meiner Mutter mich vergewaltigte. Es kostete einiges an Überredung (der Mann hatte gedroht, meinen Bruder zu töten, falls ich irgendjemandem davon erzählte), bis ich Bailey davon erzählte, der der Familie davon erzählte. Der Mann wurde festgenommen, verbrachte eine Nacht im Gefängnis, wurde wieder freigelassen und drei Tage später tot aufgefunden.

Die Polizisten, die meine Großmutter in meinem Beisein über den Tod des Mannes informierten, sagten, er sei zu Tode getreten worden.

Das verschlug mir die Sprache. Ich dachte, ich hätte mit dem Brechen meines Schweigens, mit meiner Stimme diesen Mann getötet, und darum stellte ich das Sprechen ein, und Bailey wurde zu meinem Schatten, wie bei einem Spiel. Wenn ich links abbog, bog er auch links ab; wenn ich mich setzte, setzte er sich auch. Er ließ mich kaum mehr aus den Augen. Die große, wilde Großstadtfamilie versuchte, mich aus meinem sturen Schweigen zu locken, doch da ich mich weiter weigerte, zu sprechen, wurden Bailey und ich beide zurück nach Arkansas geschickt. In den nächsten sechs Jahren war mein Bruder der einzige Mensch, vor dem ich meine Stimme aus dem Versteck ließ. Ich dachte, meine Stimme sei so giftig, dass ich damit Menschen töten könnte. Ich sprach nur selten mit Bailey und manchmal völlig unverständlich, aber ich glaubte, weil ich ihn so sehr liebte, würde meine Stimme ihm nichts anhaben können.

Dann zogen wir wieder zu unserer Mutter, die nach Kalifornien zurückgekehrt war. Und unsere Leben begannen, sich unterschiedlich zu entwickeln. So, wie Bailey früher meinen Schatten gespielt hatte, setzte er nun alles daran, immer das Gegenteil von dem zu tun, was ich machte. Ich ging zur Schule, er schwänzte. Ich lehnte Drogen ab, er wollte damit experimentieren. Ich wollte zu Hause bleiben, er ging zur Handelsmarine. Doch trotz all dieser unterschiedlichen Wege und Gewohnheiten habe ich nie mein absolutes Vertrauen in Bailey verloren.

Als ich jetzt im Auto meiner Mutter saß und den Lichtern der Großstadt und den Angriffen meiner Mutter auf Malcolm ausgesetzt war, blieb ich friedlich, weil Bailey es mir riet und weil ich wusste, dass er am Ende Recht haben würde.

Das Haus meiner Mutter in der Fulton Street, eine viktorianische Villa, sah noch ganz genauso aus wie vor vier Jahren, als ich nach Afrika aufbrach. Meine Mutter hatte neue Teppiche gekauft oder ein paar Möbel ausgetauscht, aber das Licht fiel immer noch grell durch die hohen Fenster herein, und in der Luft hing noch immer die Mischung aus ihrem Tweed-Parfum und dem Geruch von Gas, das irgendwo leise entwich.

Ich sollte meine Taschen in mein altes Zimmer bringen und mich dann zu Mutter und Bailey in die riesige Küche setzen, um gebührend willkommen geheißen zu werden.

Mutter erzählte pikante Geschichten, und Bailey beehrte mich mit hawaiischen Liedern und seiner Interpretation eines typischen Insel-Bauchtanzes. Mutter holte ein Rezept für Jollof-Reis hervor, das ich ihr aus Ghana geschickt hatte. Sie faltete den Brief auseinander und las: »Etwa ein Pfund Reis kochen, zwei bis drei Zwiebeln in nicht zu viel Öl eine Weile anbraten, dann drei, vier oder fünf Tomaten von passender Größe hinzugeben ...«

An der Stelle fing Bailey laut an zu lachen. Er arbeitete als Koch in einem schicken hawaiischen Hotel. Die ungefähren Angaben zu Zutaten und Zubereitungszeit amüsierten ihn.

»Etwas gekochten Schinken in relativ große Würfel schneiden«, fuhr meine Mutter fort, »und mit Salz, Cayennepfeffer und eventuellen Fried-Chicken-Resten in die Tomatensoße geben. Aufkochen lassen, dann mit dem Reis vermischen und noch eine ganze Weile köcheln lassen.«

Wir mussten alle lachen, als Mutter sagte, sie habe sich sehr genau an das Rezept gehalten und damit bisher jedes Mal große Erfolge gefeiert.

Dann erzählte Bailey uns Geschichten von den Touristen und davon, was sie in dem Hotel in Waikiki abends zu essen bestellten: »Ich hätte gerne Fried Chicken und Brötchen.« »Habt ihr Rippchen und Maisbrot?«

Mutter rief Freunde an, die vorbeikamen, um Bailey und

mich zu bestaunen. Viele von ihnen redeten, als seien wir gar nicht anwesend.

»Sie sieht toll aus, Vivian. Kannst stolz auf sie sein.« Und: »Gut, dann ist Bailey doch nicht mehr größer geworden, aber er ist trotzdem ein hübsches Schwarzes Kerlchen.«

Das ganze Wochenende war eine einzige Orgie aus Gelächter und Geschichten sowie neu erwachten Erinnerungen, an denen sich alle im Sonnenlicht labten. Der einzige Schatten war das Gespenst meines Sohnes in weiter Ferne. Seine Arroganz und Widerspenstigkeit wurden viel diskutiert, und meine Familie fand gute Gründe für sein Verhalten.

Meine Mutter sagte: »Er ist doch noch ein Junge.«

Ich sagte: »Er hält sich aber für einen Mann.«

Mutter sagte: »Das liegt in der Natur des Geschlechts. Solange sie Jungs sind, wollen sie wie Männer behandelt werden, aber wenn sie grauhaarige alte Käuze sind, benehmen sie sich wieder wie Jungs.« Dagegen konnte keiner etwas einwenden. »Mach dir um ihn keine Sorgen. Du hast ihn mit viel Liebe großgezogen. Der Apfel fällt bestimmt nicht weit vom Stamm.«

Die Endgültigkeit in ihrem Ton sagte mir, dass das Thema damit für sie abgeschlossen war, aber ich fragte mich: Was, wenn der Apfel herunterfiel und von einem hungrigen Vogel fortgetragen wurde? Konnte er dann nicht vielleicht auf einem Misthaufen weit weg vom Mutterstamm enden?

Das waren die düsteren Momente meiner Heimkehr, die auch nicht durch Baileys Schlagfertigkeit oder die humorigen Moralpredigten meiner Mutter aufgehellt werden konnten.

Ich hatte in Kairo als Journalistin gearbeitet, und Guy hatte dort die High School abgeschlossen. Wir waren nach Ghana gezogen, und nachdem er von einem entsetzlichen Autounfall genesen war, fing er an zu studieren. Die Seminarräume waren nicht groß genug für ihn. Wenn ich ihm Vorträge darüber hielt, wie wichtig Noten sind, tätschelte er mir den Kopf und sagte: »Ich verstehe ja dein Interesse, Mütterchen, aber das ist meine Sache, das sind meine Sorgen. Ich werde mich darum kümmern.«

Zwei Jahre lang nabelte Guy sich immer mehr von mir ab. Er hielt sich nicht an Verabredungen mit mir, und einen Überraschungsbesuch von mir quittierte er mit der Mitteilung, ich sei nicht willkommen.

Als ich beschloss, in die USA zurückzukehren und mit Malcolm zu arbeiten, bezahlte ich noch die Studiengebühren bis zu seinem Abschluss. Ich sagte, er könne all die Freiheit haben, die er brauchte. Ich sagte gar, ich würde ihm Ghana schenken.

Das höchste Oberhaupt der Ahanta, Nana Nketsi IV., versicherte mir, er werde ein scharfes Auge auf Guy haben, und die kinderlosen Genouds versicherten mir, dass sie Guy wie einen Sohn aufnehmen würden. Sie versprachen, mir monatlich zu berichten, wie es ihm geht, damit ich mich entspannen konnte.

Aber das konnte ich natürlich trotzdem nicht. Kaum hatte ich meinen Flugschein gekauft, plagten mich heftige Schuldgefühle.

Guy war neunzehn, und ich, die ich seit seiner Geburt sein Schatten gewesen war, ließ ihn unter der brennenden Sonne Afrikas zurück. Jedes Mal, wenn ich versuchte, mit ihm über seine Zukunft zu reden, brach er das Gespräch ab. Wenn ich versuchte, über meine Abreise zu sprechen, sagte er nur knapp, dass ich jetzt bitte nach Hause fliegen und mit Malcolm arbeiten sollte. Guy war ein Mann, der versuchte, sein eigenes Leben zu leben.

3

Es war wie so oft ein strahlender Sonntagmorgen in San Francisco. Hastig zog ich mich an und verließ das Haus. Ich war noch keine achtundvierzig Stunden wieder da, und schon beschlich mich das Gefühl, weiterzumüssen. Meine Mutter war wunderbar aufgehoben in ihrem Freundeskreis, und Bailey, der mir Freitagabend gezeigt hatte, wie hawaiische Männer sich vergnügten, und Samstagabend, dass in San Francisco am Wochenende nach wie vor gefeiert wurde, wollte in der nächsten Woche zurück nach Hawaii.

Die Straßen waren leer. Wer nicht in der Kirche saß, schlief nach durchfeierter Samstagnacht. Ich spazierte durch Parks und trottete Hügel hinauf. Auf jeder Kuppe bewunderte ich die Schönheit, die sich so einladend zu meinen Füßen erstreckte.

Ich hatte mich nicht bewusst für ein Ziel entschieden, aber irgendwann landete ich am Ende des langen Golden Gate Parks, und mir fiel ein, dass eine gute Freundin meiner Mutter ganz in der Nähe wohnte.

Tante Lottie Wells war zehn Jahre zuvor von Los Angeles nach San Francisco gezogen. Sie wurde ein Teil der Familie, wurde meine Freundin und half mir, Guy großzuziehen. Ihr Haus war dem meiner Mutter sehr ähnlich, nur etwas kleiner. Frische Schnittblumen überall, auf polierten Tischen umgeben von glänzenden Spiegeln.

Sie sagte, sie hätte gewusst, dass ich sie besuchen würde, darum sei sie nicht in die Kirche gegangen. Sie hatte Brötchen im Ofen und schlug eines ihrer luftig-leichten Omeletts ein. Lottie lächelte, und ich freute mich, dass der mir innewohnende Geist der Wanderer mich zu ihr geführt hatte.

Wir wollten uns gerade an den Tisch setzen, als ihr Telefon im Flur klingelte. Sie ging hinaus und kam kurz darauf wieder.

»Für dich. Ivonne«, sagte sie grinsend. »Sie hat bei deiner Mutter angerufen, und die hat gesagt, dass du wahrscheinlich bei mir reinschaust.«

Ivonne war meine erste Freundin im Erwachsenenalter gewesen, und ich nahm an, wir würden jetzt stundenlang herrlich über uns, über die Männer, die wir liebten, und solche, die uns entkommen waren, reden. Wir hatten einander schon immer sehr schnell gute Ratschläge erteilt, aber ich konnte mich nicht erinnern, dass wir sie genauso schnell befolgt hätten.

Ich nahm den Hörer. »Hey, Süße. Wo bist du? Wie geht es dir?«

»Maya, Süße, warum bist du nach Hause gekommen? Warum bist du in dieses Irrenhaus zurückgekehrt?«

Ihre Stimme klang ganz und gar nicht fröhlich.

»Weil ich glaube, dass ich hier eine Aufgabe zu erfüllen habe.«

Sie sagte: »Die Schwarzen hier sind verrückt. Ich meine, richtig verrückt. Wieso sonst hätten sie diesen Mann in New York getötet?«

Ich ließ den Hörer sinken und sah ihn an. Er lag in meiner Hand, ich betrachtete seine matte schwarze Oberfläche, dann legte ich ihn neben das Telefon. Statt ins Esszimmer zurückzugehen, verzog ich mich ins Schlafzimmer und schloss die Tür ab.

Ich musste nicht fragen. Ich wusste, dass »dieser Mann in New York« Malcolm X war und dass jemand ihn gerade ermordet hatte.

4

Baileys bange Stimme weckte mich.

»My. My. Mach die Tür auf. Jetzt mach schon auf.«

Wenn mein Leben in Trümmern liegt, wenn meine Füße vergessen, wozu sie da sind, und meine Zunge nicht mehr weiß, was sie da in meinem Mund zu suchen hat, legt sich eine vertraute Narkolepsie auf mich. Als ein innigst Geliebter mir offenbarte, sein Interesse an mir sei verflogen, schlief ich ein. Als mein Sohn nach einem Autounfall schwerstverletzt war, konnte ich nicht essen und kaum sprechen, aber ohne Probleme im Sitzen auf den unbequemen Krankenhausstühlen vor seiner Zimmertür einschlafen.

Dieses Mal erwachte ich in einem fremden Zimmer und war sofort total da. Ich wusste, ich war immer noch bei Tante Lottie, und Malcolm war tot. Ich war aus Afrika zurückgekehrt, um der OAAU all meine Kraft und meinen Geist zu schenken, und Malcolm war tot.

»Mach die Tür auf, My. Wach auf und mach die verdammte Tür auf, sonst trete ich sie ein.«

Er war dazu imstande. Ich schloss auf.

Er sah mich an. »Es tut mir leid, Baby. Geh ins Bad und mach dich frisch. Ich bringe dich wohin. An einen wichtigen Ort. Mach schon.«

An meinem aufgedunsenen Gesicht und meinen zugeschwollenen Augen konnte ich sehen, dass ich geweint hatte, aber ich konnte mich nicht erinnern und wollte es auch nicht.

Bailey wartete bei der Haustür, meine Handtasche und Jacke in der Hand.

»Hier. Zieh das an. Verabschiede dich von Tante Lottie.«

Sie nahm mich in den Arm. »Es tut mir so leid, Baby. So leid.«

Ich konnte kaum richtig sehen, und mein Gleichgewicht war gestört, darum geleitete Bailey mich die Hügel hinunter. Er wusste immer, wann er reden und wann besser schweigen sollte. Er schwieg, als wir das Wohngebiet verließen und Richtung Fillmore gingen. Die Menschen, die vorher auf den Straßen gefehlt hatten, waren nun sehr präsent, aber auf ganz gewöhnliche Weise. Aus jeder Tür waren Stimmen und Gelächter zu hören. Kunden betraten plaudernd Lebensmittelgeschäfte und verließen sie wieder. Männer standen vor Saloons und unterhielten sich über so private Dinge, dass sie es vorzogen zu flüstern. Ich war entsetzt, dass das Leben einfach so weiterging.

Ich sagte: »Sie wissen es nicht.«

Bailey grunzte. »Sie wissen es. Es interessiert sie nicht.«

»Was soll das heißen, es interessiert sie nicht? Das kann ich nicht akzeptieren. Wenn sie erfahren, dass Malcolm umgebracht wurde, werden die Leute einen Aufstand machen. Sie werden explodieren.«

Bailey lenkte mich zielstrebig durch die geöffnete Tür der verrauchten Havana Bar, in der die Musik aus der Jukebox mit den Stimmen der Gäste konkurrierte.

Ich sah in die grinsenden Gesichter und war ratlos. In Ghana hatte ich gelesen, dass die Unzufriedenheit in Amerika so groß war, dass die Schwarze Bevölkerung einem Pulverfass glich, das jeden Moment detonieren konnte. Aber wenige Stunden, nachdem ihr vorderster Kämpfer umgebracht worden war, flirteten und tranken und feierten Schwarze Männer und Frauen, als sei nichts geschehen. Bailey bestellte zwei Drinks, und als der Bartender sie vor uns abstellte, stupste Bailey mich mit dem Ellbogen an und fragte ihn: »Hey, Mann, schon gehört, was mit Malcolm X passiert ist?«

Der Bartender schnappte sich den Schein, den Malcolm auf den Tresen gelegt hatte.

»Klar, Mann, Scheiße. Die haben ihn erschossen. Wie heißt es doch so schön? Wer den Speer führt, wird durch den Speer umkommen.«

Seine Gleichgültigkeit wurde nicht besser dadurch, dass er Speer mit Schwert verwechselte.

»Was fällt Ihnen ein? Wissen Sie denn nicht, was Malcolm X für uns getan hat?«

Bailey nahm mich beim Arm. »Danke, Mann. Stimmt so.«

Binnen Sekunden war ich draußen an der frischen Luft, und Bailey trieb mich durch die Fillmore Street.

»Komm. Wir gehen zu Jack's Tavern.«

Dieser historische Saloon war über Jahre die Stammkneipe meiner Mutter gewesen. Die Gäste hier waren etwas älter, etwas etablierter, etwas klüger. Sie wussten sicher um die Bedeutung von Malcolms Leben und erst recht um die Bedeutung seines Todes. Ich musste möglichst schnell dahin, darum legte ich einen Zahn zu.

Bailey sagte: »Mach dir nicht zu große Hoffnungen, die

werden nur wieder enttäuscht. Du musst deine Erwartungen anpassen.«

Am Abend vorher hatte ich ihm erzählt, wie enttäuscht ich von Mutter war. Sie verstand Malcolm und den Kampf der Schwarzen für Gleichberechtigung einfach nicht.

Ich fragte: »Hält sie sich für frei?«

Bailey sagte, als hätte er das schon immer gewusst: »Manche Menschen sagen, sie wünschen sich Veränderung. Aber sie wollen bloß tauschen. Sie wollen haben, was die Reichen haben, damit die es nicht mehr haben. Mom ist nicht so eine. Sie will einfach nur in Ruhe gelassen werden. Sie glaubt, wenn ihr niemand in die Quere kommt, kann sie sich selbst befreien. Sie will nicht mal von Martin Luther King hören, worin ihre Befreiung bestünde – und erst recht nicht von Malcolm X.«

Wir betraten Jack's Tavern und wurden von Mutters Freunden begrüßt.

»Mensch, Vivians Kinder sind vom anderen Ende der Welt gekommen, um nach ihrer alten Mutter zu sehen.«

Aus der Nähe des Tresens erklang eine Stimme: »Lass das mal lieber nicht Vivian hören, dass du sie alt nennst.«

»Wenn jemand ihr erzählt, dass ich das gesagt habe, werde ich es abstreiten bis zum Ende meiner Tage.«

»Wie geht es euch?«

Einer der ältesten Stammgäste rief dem Bartender zu: »Gib ihnen was zu trinken. Geht auf mich.«

Erleichtert stellte ich fest, dass der Mann hinterm Tresen immer noch Trumpet war. Wir kannten uns aus meinen mageren Zeiten, als ich Tanzunterricht nahm und gab, versuchte, meinen Sohn großzuziehen, Liebesbeziehungen aufrechtzuerhalten und mich von einem Reiskorn und einem Tropfen Wasser zu ernähren. Wir hatten viele kumpelhafte Stunden miteinander verbracht und über Gott und die Welt geredet.

Ich sagte: »Trumpet, du hast doch sicher von Malcolm gehört?«

»Nee, Baby. Seit wann bist du wieder hier? Siehst super aus, immer noch so groß und so lange Beine, toll.«

»Trumpet, Malcolm ist tot. Er wurde erschossen.«

Trumpet richtete sich auf. »Echt? Wie schrecklich. Das sind schreckliche Nachrichten. Das tut mir leid. Seit wann bist du wieder hier? Wie war es in Afrika?«

Bailey sah mich an. »Nimm dein Glas. Wir setzen uns an einen Tisch.«

Ich folgte ihm. Er musste mir angesehen haben, dass ich kurz davor war, durchzudrehen.

»Dir ist natürlich klar, dass du nicht zurück nach New York kannst. Jetzt, wo Malcolm tot ist, wird es keine OAAU geben, denn du kannst keine gründen und auch nicht Malcolms Arbeit allein weiterführen. Du weißt nicht, wem du vertrauen kannst. Jetzt wird fieberhaft nach Schuldigen gesucht, da hältst du dich schön raus.«

Ich versank in Düsternis und Trauer und fing an zu weinen.

Bailey sagte: »Hör auf damit. Was hat Afrika denn bloß mit dir gemacht? Hast du alles vergessen? Man weint nicht in aller Öffentlichkeit, vor allen Leuten. Sonst könnte man genauso gut vor einem Henker den Kopf auf einen Richtblock legen.

Also, du willst, dass die Schwarzen sich erheben und

den Aufstand proben. Vergiss es. Jetzt passiert erst mal gar nichts. Wirklich gar nichts. Aber irgendwann wird ein weißer Mann einer Schwarzen Frau zu nahetreten, und dann haben wir wieder Bürgerkrieg.«

Ich fragte: »Was kann ich tun? Ich will nicht zurück nach Afrika. Du sagst, ich soll nicht nach New York. In San Francisco will ich aber auch nicht bleiben.«

»Komm mit mir nach Honolulu. Tante Leah ist da. Du kannst eine Weile bei ihr wohnen.«

Die einzige Schwester meiner Mutter war Evangelistin in Oahu, und Baileys Einladung fand ich nicht sonderlich tröstlich.

»Du könntest wieder in Nachtclubs singen. Seit du zuletzt in Honolulu warst, sind viele neue Lokale eröffnet worden.«

Er redete weiter, aber ich hörte nicht mehr zu und konzentrierte mich darauf, mein Leben und mich wieder in den Griff zu bekommen.

»Maya. Maya.« Er sprach leise, und zum ersten Mal klang seine Stimme nach echtem Mitgefühl. »Baby, ich sag dir jetzt mal, was passieren wird. In ein paar Jahren wird es wunderschöne Poster von Malcolm X geben, überall werden Fotos von ihm zu sehen sein. Die Leute, die das alles heute nicht interessiert, werden lügen und behaupten, sie hätten ihn immer unterstützt. Und der Bartender da, der mit dem Speer statt dem Schwert, der wird sagen: ›Malcolm war ein großer Mann. Habe ich immer gewusst. Ein großer Mann. Einer von uns. Einer, der sein Volk geliebt hat.‹«

Ich sah meinen Bruder an, den weisesten Menschen,

den ich kannte, und fragte mich, ob es möglich war, dass er sich dieses Mal irrte.

Als wir nach Hause kamen, besaß Mutter den Anstand, mir ihr Beileid auszusprechen.

»Seine Methoden haben mir nicht gefallen, aber niemand hat es verdient, wie ein räudiger Hund erschossen zu werden. Ich weiß, er war dein Freund, Baby, und es tut mir leid. Ich möchte, dass du das weißt: Es tut mir leid, dass er ermordet wurde.«

Es dauerte zwei Tage, bis ich telefonisch nach Ghana durchkam, und als es endlich glückte, konnte ich Guy kaum hören vor lauter internationalen Störgeräuschen.

»Ich hoffe, Hawaii wird dir gefallen, Mom. Das mit Malcolm tut mir leid.« Und dann: »Mir geht es sehr gut. Ich komme gut zurecht, Uni läuft.«

Was sollte er auch sonst sagen?

»Ich war noch mal im Krankenhaus, ich kann jetzt wieder Fußball spielen.«

Bei dem Autounfall vor ein paar Jahren hatte Guy sich den Hals gebrochen und anschließend ein halbes Jahr in einem Gipsbett gelegen. Er wurde wieder gesund, aber dass die Ärzte ihm erlaubt haben sollten, wieder Kontaktsport zu treiben, das nahm ich ihm nicht ab.

»Ja, Mutter, natürlich vermisse ich dich.«

Tat er nicht.

»Mom.« Seine Stimme wurde dünner, aber zum ersten Mal war es die wahre Stimme meines Sohnes. »Mom, das mit Malcolm tut mir wirklich leid. Wir haben in Accra eine Totenwache abgehalten ... Wirklich, unendlich leid.«

Seine Worte wurden von tausenden Luftmeilen und

Millionen Atlantikwellen zerquetscht, ich konnte ihn kaum noch hören, aber ich war zufrieden. Wir waren uns immer so nah gewesen, dass ich ihn nach seiner völlig normalen aufschneiderischen Jugend und seiner neuartigen überheblichen Männlichkeit ohne weiteres in meine Mutter-Sprache übersetzen konnte. Trotz der Störungen und der Pausen, wenn die Verbindung abbrach, trotz seiner kaum hörbaren Stimme und des nicht enden wollenden lauten Summens war das Telefonat für mich ein voller Erfolg.

Aus allem, was er gesagt und nicht gesagt hatte, schloss ich, dass er es sich gutgehen ließ, so richtig gutgehen ließ. Er war froh, zur Party der Welt eingeladen zu sein, und dass keine Mutter in der Nähe war, die ihm sagte, wann er zu Hause zu sein hatte. Er ging zur Uni, freute sich über die Konkurrenz und das für Debatten offene Forum, weil er immer zu Diskussionen aufgelegt war. Er vermisste mich, aber nicht in dem Sinne, dass er mich bei sich in Ghana wünschte. Er vermisste mich nur, weil ich eine Lücke hinterlassen hatte. Und freute sich, diese Lücke mit seinen eigenen Spielereien ausfüllen zu können.

Im Großen und Ganzen war er glücklich in seiner jugendlichen Festung. Und wenn ein kalter Wind über die Schutzwälle wehte, wärmte er sich an seinem Mut.

Das mit Malcolm tat ihm aufrichtig leid. Guy war dem heiligen grauenhaften Gral Schwarzer Männlichkeit so nah, für ihn war jeder farbige Mann, der sich den Widrigkeiten des Lebens mit Mut, Intellekt und Humor entgegenstellte, ein Held. Zu Guys Rittern gehörten Mahatma Gandhi, Paul Robeson, Nelson Mandela, Mao Tse-tung, Hannibal, Robert Sobukwe und Martin Luther King jr. Doch ganz oben auf der Liste stand Malcolm X. Mit ihm hatte Guy ein Vorbild verloren, und darum hatte er echtes Mitgefühl mit mir. Er wusste, ich hatte einen Freund verloren.

5

Auf den Straßen von San Francisco bestätigten sich Baileys Voraussagen. Das Leben lief völlig normal weiter, und das stürzte mich in Verzweiflung.

Warum waren die Schwarzen bloß so gleichgültig? Waren wir gefühllos? Oder waren wir so verhuscht, dass wir es nicht wagten, unsere Toten zu ehren? Ich fand das ganz schön erbärmlich. Die Schwarzen Amerikaner führten sich auf wie nach dem Motto »Man lebt, man liebt, man wirkt, man stirbt«, und damit hatte es sich.

Die Zeitungen druckten Fotos vom attraktiven Malcolm vor seiner Ermordung und direkt daneben das von seiner blutüberströmten Leiche, über die sich seine liebende und unter Schock stehende Frau Betty beugt.

Wenn eine Rotte von Rassisten Malcolm im Dunklen aufgelauert, ihn ermordet und seine Leiche zum Hohn aller Schwarzen einfach liegengelassen hätte, wäre es mir leichter gefallen, seinen Tod zu akzeptieren. Aber er war von Schwarzen getötet worden, während er vor Schwarzen über eine bessere Zukunft für die Schwarzen sprach, im Beisein seiner Familie.

Bailey rettete mich. Er war nach Hawaii zurückgeflogen und hatte einen Nachtclub gefunden, der mir einen Job als Sängerin anbot. Er hatte eine Rhythmusgruppe zusammengestellt und Tante Leah überredet, mich bei ihr wohnen zu lassen, bis ich etwas Eigenes gefunden hatte.

Mutter räumte ein: »Ja, ich habe deinen Bruder angerufen. Du bist hier durch die Straßen und durchs Haus geschlichen wie ein lahmer Leopard. Es wird Zeit, dass du dich wieder aufrichtest und dich ins wilde Leben stürzt.«

Mutter lebte das Leben, als sei es nur für sie gemacht worden. Und sie meinte, alle, denen es nicht genauso ging wie ihr, seien Bummelanten und Nichtstuer.

Man musste schon extrem sauertöpfisch sein, um ihrer aufrichtig guten Laune zu widerstehen. Sie machte Musik, kochte köstliches Essen, in der Regel meine Leibgerichte, und erzählte mir zweideutige Witze, teils, um mich zu unterhalten, teils um mich aus meiner Lethargie zu reißen. Ihre Taktik ging auf.

Ausgelassen packten wir für Hawaii. Mutter kaufte mir wunderschöne, teure westliche Klamotten. Ich fing an, mich auf die Reise zu freuen. Mit ihrer kraftvollen Persönlichkeit hatte sie mich aus bodenlosen Tiefen ans sichere Ufer gezogen. Ich hatte Malcolm nicht vergessen, und ich war nicht völlig entspannt, was Guy betraf, aber langsam fand sich die gute Laune wieder in mir ein, und ich war bereit, nach einem Weg zurück ins Leben zu suchen.

6

Von außen betrachtet sah Tante Leahs Haus aus wie eine gutbürgerliche stuckverzierte südkalifornische Pseudo-Ranch. Innen dagegen war alles proletarisch. Ein großes, hellbeiges Sofa und dazu passende Sessel trugen maßgeschneiderte, schwere Plastikhauben; auf einem geschwungenen, hellen Beistelltisch räkelte sich ein schwarzer Porzellanpanther. Die Vorhänge, die während meines gesamten Aufenthaltes zugezogen waren, wehrten das beständige hawaiische Sonnenlicht konsequent ab. Überall lagen zerlesene Bibeln herum, an den Wänden hingen Bilder von Jesus. Von manchen sah der Heiland gütig auf Seinen Betrachter, andere zeigten Seine gequälte Miene am Kreuz.

Nach einem Monat im klangvollen, farbenfrohen Haus meiner Mutter hatte ich das Gefühl, die Realität verlassen zu haben und in der Surrealität gelandet zu sein.

Meine Tante war religiös, und sie lebte ihre Religion. Ihre Erwiderung auf »Guten Morgen, wie geht es dir?« war: »Ich bin gesegnet im Herrn, der da gekreuzigt wurde und gestorben ist.«

Ihr Mann, der Al hieß, aber »Brother« genannt wurde – und die Tradition verlangte, dass ich ihn »Onkel Brother« nannte –, war ein großer, gutaussehender Mann vom Land, der seine Frau vergötterte. Er war mit der Kraft eines John Henry, einem sonnigen Gemüt und sehr wenig Bildung aus den Ozarks in Arkansas gekommen. Er war Lohnarbeiter, als er meine Tante kennenlernte. Sie ermunterte ihn, wieder zur Schule zu gehen, und unterstützte ihn beim Lernen. Als sie nach Hawaii zogen, war er Generalunternehmer, konnte mit einem Sextanten umgehen und baute Hotel-Hochhäuser.

Seine Gegenwart machte mir den Aufenthalt etwas erträglicher, weil er die Dinge – und auch meine Tante – nicht allzu ernst nahm. Wenn er sie ansah, bekamen seine Augen immer so einen leichten Glanz: »Ja, Baby. Ja, Baby, auch ich habe dem Herrn gedankt, aber ich weiß, der Herr wird nicht einen einzigen Ziegelstein für mich legen. Er wird keine einzige Mauer verputzen. Er verlässt sich darauf, dass ich das für Ihn tue. Darum muss ich jetzt los.«

7

Es heißt ja immer – und ist auf so wunderbare Weise wahr –, dass wer erst Fahrradfahren kann, es nie wieder verlernt. Ich würde sagen, das gilt auch für das Singen in Nachtclubs.

Mit einer Rhythmusgruppe zu üben, ein schickes Glitzerkleid anzuziehen, Make-up aufzulegen und dann ans Mikrofon zu treten ging mir so leicht von der Hand wie Haarekämmen. Zu meiner eigenen Überraschung wusste ich noch, wie ich nach einem Lied, bei dem ich mich in der Tonart vertan hatte, würdevoll von der Bühne abtrat, und wie ich das Publikum auch bei einem Folksong mit neununddreißig Strophen bei der Stange hielt.

Schon nach wenigen Wochen im Encore auf Hawaii zog ich stets genügend Publikum an, das sich gerne meine mit pseudo-afrikanischem Akzent vorgetragenen Calypso-Songs anhören wollte.

Die Liebeslieder von den Gershwins und von Duke Ellington sowie die klugen Calypsotexte waren in Sachen Repertoire eine sichere Bank. Ich sang zu Trommel-, Bass- und Klavierbegleitung, und in jedes Programm nahm ich ein afrikanisches Lied auf, das ich so frei übersetzte, dass der ursprüngliche Komponist es nicht wiedererkannt hätte.

Das Club-Orchester spielte hawaiische Musik, sehr zur Freude der Seeleute, Geschäftsmänner und Familien, die bei allen Nummern, die zum Mitsingen gedacht waren, mitsangen und auf die Tanzfläche stürmten, um sich selbst und dem Lokal eine Runde Hula, Samba, Rumba, Jitterbug, Cha-cha-cha oder sogar Stepptanz zu gönnen.

Gegen drei Uhr morgens war ich wieder zu Hause bei Tante Leah, und das fühlte sich jedes Mal an, als würde ich vom Times Square geradewegs auf einen einsamen Steg auf der Rückseite des Mondes treten.

Tante Leah glaubte nicht an Lautstärke, darum war die Musik aus ihren Radios immer kaum zu hören, hin und wieder vernahm ich bei einem Radiogottesdienst den Namen Jesus. Sie hielt auch nichts von Klimaanlagen. Onkel Brother hatte im Haus erstklassige Apparate installiert, doch Tante Leah war calvinistisch. Sie glaubte, zu viele Bequemlichkeiten in diesem Leben würden den Ertrag der Christen, die das Glück hatten, in den Himmel zu kommen, reduzieren oder eine Aufnahme in den Himmel sogar erschweren. Im Haus war es dunkel, die Luft schwer und statisch. Mit seiner trägen Atmosphäre wäre es der perfekte Ort gewesen, um so richtig schön in Selbstmitleid zu versinken. Aber irgendwie hatte Frömmigkeit sich jeden Quadratzentimeter in diesem Haus erobert.

Im Nachtclub dagegen war nicht der geringste Platz für Trübsinn. Solange ich auf der Bühne stand und »Stone Cold Dead in the Market« sang oder das unwiderstehliche »Drinking Rum and Coca-Cola« der Andrews Sisters, war es mir schlicht unmöglich, Gedanken über Guy und sein neues Leben nachzuhängen, oder über Malcolms Tod, oder über das Ende einer weiteren meiner im Himmel geschlossenen Ehen.

Abseits der Bühne waren die anderen Künstler auf

Hochtouren damit beschäftigt, zu flirten, sich gegenseitig zu betatschen oder so schrill und erbittert zu streiten, dass es schlicht keinen Raum gab, wo ich über meine Vergangenheit und meine Gegenwart nachdenken konnte.

Ich brauchte einen Ort, an dem ich meine Ruhe hatte. Ich fand eine möblierte Wohnung, zog ein, setzte mich hin, verschränkte die Finger, legte die Hände in den Schoß und wartete. Wartete darauf, dass mir eine ganze Litanei aus bedauernswerten Ereignissen durch den Kopf ginge, eine Serie trauriger Geschichten. Ich war eine alleinstehende Frau, nicht in der Lage, einen Mann zu finden, und wenn es doch mal gelang, konnte ich ihn nicht halten. Ich hatte nur ein Kind (in Westafrika heißt es, ein Kind ist kein Kind, denn wenn das eine von einer Tragödie heimgesucht wird, ist keins übrig), und das war in mehrfacher Hinsicht außerhalb meiner Reichweite. Ich wartete auf ein trauriges Gesicht und einen Schoß voller Bittebittes. Nichts passierte. Ich bekam keinen Kloß im Hals, meine Augen wurden nicht feucht.

Machte es mir denn gar nichts aus, dass ich eine schlechte Mutter war, die ihren Sohn verlassen hatte, mit nichts weiter als einem spärlich gefüllten Bankkonto, und ihn ansonsten ganz sich selbst und seinem jugendlichen Leichtsinn überließ? Er würde das Geld vernichten, wie General Grant Richmond vernichtet hatte, und dann? Das war doch zum Heulen. Aber mir kam keine einzige Träne.

Diesen Stoizismus musste ich wohl geerbt haben. Meine Unfähigkeit, in Selbstmitleid zu versinken, bis ich weinend zusammenbrach, hatte nichts mit mangelnder Sensibilität für eine Situation zu tun, sondern vielmehr mit dem Wissen, dass ganz gleich, wie schlimm gerade alles war, alles auch noch viel schlimmer sein und noch viel, viel schlimmer werden könnte. Wie schon so oft in meinem Leben musste ich einfach dem Rat meiner Großmutter folgen.

»Sister, du solltest alles, was dir an deinem Leben nicht gefällt, ändern. Und wenn es etwas gibt, das du nicht ändern kannst, dann solltest du deine Einstellung dazu ändern. Dann siehst du es mit neuen Augen, und vielleicht siehst du dann doch eine Möglichkeit, es zu ändern.«

Afroamerikaner verlassen den Mutterleib mit der Bürde ihrer Hautfarbe und einem kollektiven Gedächtnis voller entsetzlicher Volksmärchen. Es gibt so viele Lieder, so viele Tanzlieder, zu denen man stampft und schnipst und klatscht und deren Quintessenz lautet: »Ich lache, um nicht zu weinen.« Gospels, Blues- und Liebeslieder erzählen oft davon, wie schwer eine Geburt ist, wie schwer der Tod, und dass es dazwischen auch nicht viel leichter wird.

Bailey brachte mir ein paar Bilder für die Wände meiner neuen Wohnung. An meiner Vergangenheit konnte ich nichts ändern, aber ich konnte mich darauf verlassen, dass Bailey sich etwas für meine Zukunft überlegt hatte.

»Weißt du noch, was ich nach Malcolms Tod gesagt habe? Die Leute, die ihn zu Lebzeiten nicht geschätzt haben, werden ihn in zehn Jahren verehren, und du wirst dir keinen Gefallen tun, wenn du sie daran erinnerst, was sie früher gesagt haben.

Guy ist ein Kindskopf. Schlau und meinungsstark. Du hast ihn dazu erzogen, selbst zu denken, und genau das tut er jetzt. Du wolltest es so, jetzt bekommst du es. Wenn er sich erst mal sortiert hat, wird er ein Mann mit Prinzipien sein. Mach dir da mal keine Sorgen, ist schließlich dein Sohn.

Und was dich betrifft, du wirst dir deinen Lebensunterhalt als Sängerin verdienen. Mehr aber auch nicht. Niemand weiß, was du mal machen wirst oder wer du sein wirst. Aber alle glauben daran, dass du Wunderbares tun wirst. Also komm, lass uns was trinken, und dann kannst du dich auf das stürzen, was du eigentlich machen sollst.«

Er hatte Recht. Als Sängerin würde ich gerade so über die Runden kommen. Mein Erfolg war überschaubar, was daran lag, dass Singen nicht meine Leidenschaft war. Meine Stimme war gut und interessant, mein Gehör unterdurchschnittlich, mein Rhythmusgefühl verlässlich. Aber ich war nicht bereit, Opfer zu bringen, und darum würde ich nie eine große Sängerin werden. Um in einem Beruf großen und dauerhaften Erfolg zu haben, muss man bereit sein, auf viele schöne Dinge zu verzichten und lange auf Belohnung zu warten. Das Singen war mir nicht wichtig genug, als dass ich den Menschen echte Anerkennung dafür hätte entlocken können.

Ein halbes Jahr lang war meine Show recht gut besucht, dann begann das Publikum zu schrumpfen. Einer der Musiker erzählte mir, wo die Leute jetzt hingingen.

»Drüben im Aloha Club ist eine richtige Sängerin, da ist die Bude jeden Abend rammelvoll.«

In der Pause ging ich mal rüber zur Konkurrenz, um meine Rivalin zu sehen. Sie haute mich komplett vom Hocker. Sie war so groß wie ich, sah toll aus und war wahnsinnig stark. Vor allem aber konnte sie singen. Sie hatte eine volle, tiefe Stimme, und kaum betrat sie die Bühne, füllte sie sie auch schon komplett aus. Als sie den Musikern zunickte, erinnerte sie mich an Josua und die Schlacht von Jericho.

»Then the lamb, ram, sheep horns began to blow
The trumpets began to sound
Joshua commanded the children to shout
And the walls came tumblin' down.«

Die Sängerin trat mit ernster Miene ans Mikrofon, drehte den Kopf einmal nach rechts und einmal nach links, dann schmetterte das Orchester los, und sie auch. Ihre volle, dramatische Stimme surfte durch den Raum und ließ Mauern einstürzen.

Der Schutzwall, den ich um mich als Sängerin errichtet hatte, damit ich ohne zu hohe Ansprüche singen konnte, einfach nur so, weil ich es eben konnte, weil ich ohne Hingabe singen konnte, dieser Schutzwall fiel in sich zusammen, als beugte er sich einer Ladung Dynamit.

Während ich Della Reese lauschte, wurde mir klar, dass ich mich nie wieder als Sängerin bezeichnen, dass ich meinen Job im Encore kündigen und Hawaii verlassen würde. Ich würde zum Festland zurückkehren und eine Beschäftigung suchen, bis ich eine fand, die ich liebte. Ich könnte kellnern gehen und versuchen, ein Theaterstück fertig zu schreiben, das ich in Accra angefangen hatte. Ich hatte mehrere Notizbücher mit Gedichten gefüllt, vielleicht würde ich mich mit ihnen befassen, ihnen den letzten Schliff geben, sie ansprechend gestalten, einem Verlag anbieten und dann ganz viel beten.

Als ich Della Reese dankte, sagte ich ihr nicht, was sie gerade für mich getan hatte. Ich hätte etwas sagen sollen wie »Sie haben mein Leben verändert« oder »Ihr Gesang hat den krummen Weg begradigt und die holprige Straße geebnet.« Doch ich sagte nur: »Ich habe Ihre Musik gebraucht, danke, dass Sie so großzügig davon gegeben haben.« Miss Reese antwortete kühl, aber liebenswürdig.

Am nächsten Tag traf ich mich mit meinen Verwandten auf Hawaii und rief meine Mutter in San Francisco an, um ihr mitzuteilen, dass ich nach Los Angeles ziehen würde. Einige alte Wunden waren inzwischen verheilt, und ich war fest entschlossen. Es war Zeit, aufs Festland zurückzukehren, mir einen Job zu suchen und wieder am echten Leben teilzuhaben.

Onkel Brother gab mir die Schlüssel eines alten Dodge, den er und Tante Leah in Los Angeles hinterlassen hatten. »Der läuft, wenn er will, und fährt, wohin er will, aber er ist dir sicher nützlich, bis du dir was Besseres leisten kannst.«

Er, Bailey und Tante Leah kamen zu meiner letzten Vorstellung, Letztere wider ihre innerste Überzeugung. Sie saß den ganzen Abend stocksteif da, die Arme um sich selbst geschlungen oder die Hände im Schoß, den Blick gesenkt.

Ich wollte Hawaii am nächsten Tag verlassen, darum war diese Show nicht nur ein Abschied vom Encore, sondern auch von meiner Familie und ein paar Leuten, die ich am Waikiki Beach kennengelernt hatte. Als ich mich fertig machte für die Bühne, musste ich daran denken, dass Hawaii ein Zufluchtsort für mich gewesen war. Ich war in einem ziemlich desolaten und wackeligen Zustand auf die Insel gekommen. Demoralisiert vom Schock angesichts Malcolms Ermordung. Das Universum hatte keinen Mittelpunkt mehr gehabt, die bekannten Grenzen der Welt waren verschwommen und undurchschaubar gewesen.

Guy in Afrika zurückzulassen hatte sich als ein Büßerhemd erwiesen, das ich nicht ablegen konnte. Ich machte mir Sorgen, dass seine neu entdeckte Männlichkeit, an der er so verzweifelt festhielt, ihn etwas sagen oder tun lassen könnte, das die ghanaischen Behörden gegen ihn aufbrachte.

Ich hatte Angst und Schuldgefühle mit nach Hawaii gebracht, und mit jedem Monat hatten sie nachgelassen. Freunde in New York informierten mich, Malcolms Witwe Betty habe Zwillinge zur Welt gebracht. Malcolms Traum von einer Organisation der afroamerikanischen Einheit würde sich nicht erfüllen, aber seine Familie war stark, und seine Freunde waren treu. Die Schauspieler und Autoren Ossie Davis und Ruby Dee, der Rechtsanwalt Percy Sutton sowie Alex Haley, der Malcolms Biografie geschrieben hatte, gehörten zu den Säulen, die die Familie Shabazz stützten.

Von Freunden in Ghana hörte ich, dass Guy sich seit meiner Abreise deutlich besser benahm. Viele Menschen, und insbesondere junge Menschen, müssen erst auf sich selbst gestellt sein, um die Verantwortung für ihr eigenes Leben übernehmen zu können.

Ich verließ Hawaii also als ein fröhlicherer und lebendigerer Mensch. Mein Ziel hieß Los Angeles, und obwohl ich nicht wusste, was ich da machen und wem ich dort begegnen würde, wusste ich doch, dass das Leben auf mich wartete und es nicht klug wäre, seine Geduld auf die Probe zu stellen.

Ich hatte beschlossen, bei meinem letzten Auftritt nicht zu singen, sondern zu tanzen.

Ich bat um die Musik, dann lud ich sie ein in meinen Körper, auf dass sie alle Brüche und Wunden fände und heilte. Auf dass sie meinen Geist durchwehte und den Nebel vertrieb. Ich ließ mich von der Musik über die Tanzfläche bewegen.

Ich tanzte für den Afrikaner, den ich in Afrika geliebt und verloren hatte, ich tanzte für schlechte Entscheidungen und für gute Entwicklungen. Für das Licht des Mondes, das wie schwere weiße Seide auf dem Sand vor den großen Pyramiden in Ägypten lag, und für den Klang zeremonieller Fontomfrom-Trommeln, der in Takoradi die frühmorgendliche Luft durchdrang.

Mein Tanz endete, das Publikum erhob sich und klatschte. Selbst Tante Leah sah endlich auf und lächelte mich an.

Bailey umarmte mich und gab mir ein Bündel Geldscheine.

»Du bist gut.« Er deutete auf mein Herz. »Du wirst es weit bringen.« Er sagte, ich hätte alles, was ich bräuchte, um wieder einmal aufzubrechen ins Ungewisse.

Ich machte mich auf den Weg nach Kalifornien.

Aloha.

8

Los Angeles hat etwas Erwartungsvolles an sich. Nicht an der Oberfläche, wo alles eher träge ist, fast schon verschlafen, sondern unter der schläfrigen Haut dieser Stadt liegt so eine Andeutung, dass etwas sehr Schönes passieren könnte, und zwar schon bald.

Diese stille Hoffnung bestand möglicherweise aus den Trümmern zahlloser Träume, die zahllose hoffnungsvolle Menschen gehegt hatten, während sie sich für die Hollywoodkameras abmühten und quälten und hungerten und sich herausputzten. Möglicherweise starben derartige Ambitionen nie ganz, sondern wirkten noch lange, nachdem die Träumer mit Träumen aufgehört hatten, fort.

Die Tage in Los Angeles waren wunderschön. Das weiche, schwebende Sonnenlicht tauchte die Straßen in gefiltertes Gold.

Die Bewohner der Arbeiterviertel waren offenkundig stolz auf ihre Eigenheime. Kleine Bungalows lagen behütet inmitten sorgfältig gepflegter Rasenflächen, und auf jeder Veranda warteten Windspiele auf die nächste Brise.

Genauso ein adrettes, sicheres Häuschen wollte ich auch haben. Wenn ich in einem solchen Haus wohnte, dann würde sich alles, was an ihm richtig war, auf mich übertragen, und die zottigen Kanten meines Lebens würden so getrimmt, dass sie zum Haus passten.

Frances Williams. Sie war es, die ich brauchte. Ich kannte sie seit zehn Jahren, und sie kannte einfach jeden. Sie war aktives Mitglied der Bühnengewerkschaft Actors' Equity und hatte Beziehungen zu Schwarzen und weißen Kirchen.

Fran, wie sie genannt wurde, kannte sich aus mit den Mysterien des Theaters, mit seiner Kraft und Schönheit, und sie erteilte jedem guten Rat, der klug genug war, ihr zuzuhören.

Sie war groß und hatte eine kraftvolle, dem Celloklang nicht unähnliche Stimme, und sie hegte eine große Liebe fürs Theater. Sie und ihr Bruder Bill lebten in einem großen Haus ganz hinten auf einem Eckgrundstück. Das Haus und das Gelände mussten oft als Kulisse herhalten, wenn Fran experimentelles Theater inszenierte. Sie hatte in vierzig Filmen mitgespielt und bei weiteren hundert als Komparsin mitgewirkt. Als ich sie aufsuchte, konnte sie mir genau das bieten, was ich brauchte: eine Bleibe und möglicherweise einen Job.

Zwei Apartments waren bei ihr frei. Beide bestanden aus einem Raum, der Wohnzimmer, Schlafzimmer und Arbeitszimmer in einem war, sowie einer großen, geräumigen Küche. Ich nahm das eine, und Fran meinte, die Schauspielerin Beah Richards würde das andere nehmen.

Es war dunkel und feucht in der kleinen Wohnung, darum kaufte ich eimerweise weiße Latexfarbe und einen Haufen Malerrollen und Pinsel. Ich strich jeden Quadratzentimeter sichtbare Wand und den gesamten Fußboden naturweiß. Dann verpasste ich dem Boden mehrere Lagen ziegelfarbenen Lack. In den mageren Jahren, bevor Guy in die Pubertät kam, lernten er und ich durch Ausprobieren, wie man Möbel aus den Läden der Heilsarmee auf alt trimmte und wie man müllkippenreife Sessel und Sofas reparierte.

Ich war Stammkundin bei der Salvation Army und bei Goodwill, die Verkäufer reservierten gezielt Stücke für mich. »Maya, wie geht es dir? Ich habe einen tollen Nachttisch für dich.« »Ich habe eine wunderbare Kommode für dich.«

In Los Angeles kaufte ich Sackleinen in Orange-, Rost- und Brauntönen und hängte die Stoffbahnen lässig rund um die Fenster. Ich nähte jede Menge große bunte Kissen für den Boden. Poster von van Gogh und Matisse belebten die Wände.

Ich improvisierte Bücherregale aus Ziegelsteinen und Brettern, ich ließ das Wachs billiger Kerzen über Chianti- und Mateusflaschen laufen. Dann steckte ich neue Kerzen auf die fast vollständig mit Wachs bedeckten Flaschen und verteilte sie im ganzen Zimmer, auf dass sie Licht und Esoterik verbreiteten.

Ich hatte also die so dringend benötigte und wunderbar günstige Bleibe gefunden – jetzt brauchte ich Arbeit. Das Geld, das ich aus Hawaii mitgebracht hatte, rann mir durch die Finger wie feiner Sand.

Wieder war es Fran, die helfen konnte. Sie lebte bereits seit den 1950er Jahren in Los Angeles und kannte jeden von Schwarzen bewohnten Winkel der Stadt. Und weil sie oft bei ihren Wahlkampfkampagnen mitgearbeitet hatte, war sie mit allen gewählten Amtsträgern auf du und du.

»Nennt sich Marktforschung. Viel bekommst du nicht dafür, das Ganze läuft auf Vertrauensbasis. Und niemand wird je überprüfen, ob alles mit rechten Dingen vor sich gegangen ist. Du bekommst einen Fragebogen und einen Bezirk. Du klingelst an jeder vierten Tür und stellst der Hausfrau die Fragen auf dem Formular.«

»Was für Fragen?«

»Welche Frühstücksprodukte bevorzugt Ihre Familie? Welches Waschmittel benutzen Sie? Welche Erdnussbutter kaufen Sie? So Sachen.«

Der Lohn war jämmerlich, aber die Arbeit war beglückend einfach. Ich hatte angefangen, an meinem Theaterstück zu arbeiten. Während dieser Marktforschung hatte ich genug Zeit, um die Figuren und den Plot zu entwickeln. Ich stellte den Hausfrauen Fragen, aber zwischen den Häusern und den Frauen und den Fragen und den Antworten ließ ich meine Figuren verschiedene Handlungsstränge ausprobieren. Sie fanden ihre jeweilige Stimme und entwickelten ihren eigenen Charakter.

Watts war der mir zugeteilte Bezirk, und enttäuscht stellte ich fest, dass es nicht mehr so ausgeprägt anmutig wirkte wie früher. Ich hatte das Viertel als sehr gesetzt und anständig in Erinnerung, als etwas, das mich an »Kirchentanten beim Sonntagstee« denken ließ. Die Häuser hatten alle eine gute Größe – klein genug, um keinen Neid zu provozieren, groß genug, um kein Mitleid zu erregen.

Vor Jahren waren die Rasenflächen hier tipptopp, das Gras stets gleichmäßig getrimmt und sorgfältig gesetzte Blumen liebevoll gepflegt. Auf der Straße waren nie viele Leute zu sehen gewesen. Eine Fahrt durch die Wohnstraßen von Watts glich einer Fahrt durch eine Kleinstadt in einem Hollywoodfilm aus den 1940ern. Natürlich gab es damals immer hier und da ein paar Teenager, die sich auf ihren Schwinn-Rädern produzierten, aber die hätten Komparsen sein können, wenn sie nicht Schwarz gewesen wären, genau wie die Frauen, die sie zum Abendessen nach Hause riefen: »Henry, Henry ...«

Das Watts, das ich 1965 vorfand, war ein völlig anderes. Die Häuser glichen sich immer noch sehr und waren in ähnlichen Farben gestrichen, die Rasenflächen wirkten immer noch akkurat, aber jetzt waren überall Leute.

Bei einem Streifzug durch Watts, um mich auf meinen neuen Job vorzubereiten, beobachtete ich immer wieder Gruppen von Männern in T-Shirts oder Unterhemden, die auf den Veranden und Treppen vor den Häusern abhingen. Sie sprachen etwas lauter als üblich, und sie verstummten nicht und dämpften auch nicht ihre Stimmen, als ich aufkreuzte.

Ich war nie sonderlich hübsch, aber ich hatte eine gute Figur, war jung und modisch gekleidet, und das brachte mir normalerweise zumindest ein Räuspern ein oder sonst irgendeine verschleierte Beifallsbekundung. Aber die Männer in diesem Watts reagierten überhaupt nicht auf mich.

»Guten Morgen, ich arbeite für eine Firma, die gerne die Qualität der Nahrungsmittel verbessern möchte, die Sie kaufen. Ich würde Ihnen gerne ein paar Fragen stellen. Mit Ihren Antworten tragen Sie dazu bei, das Lebensmittelangebot im Supermarkt zu verbessern und wahrscheinlich sogar für günstigere Preise zu sorgen.«

Der Mensch, der sich diesen Text für die Interviews mit Schwarzen Frauen ausgedacht hatte, hatte keine Ahnung von Schwarzen Frauen. Wenn ich es gewagt hätte, so ein

Gewäsch von mir zu geben, wäre ich im besten Fall lachend der Veranda verwiesen und im schlimmsten zur Hölle gejagt worden.

Der Großteil der Schwarzen Frauen hat im Alter von zehn Jahren bereits gelernt, dass sich die Welt nicht viel um ihre Lebensqualität oder überhaupt ihr Leben schert. Wenn Politiker und Kaufleute plötzlich nett zu Schwarzen Frauen sind, auf sie zukommen, sich großzügig geben, lassen die Frauen sich nur deshalb darauf ein, der sanften Stimme, den einfältigen Aussagen, den leeren Versprechungen zu lauschen, weil es höchstwahrscheinlich die einzige freundliche Behandlung ist, die sie an dem Tag erfahren. Hinter den Augen der Frauen jedoch liegt eine Weisheit, die nicht vorgibt, unwissend zu sein, und die auch keine Leichtgläubigkeit zulässt.

Martin Luther King jr. erzählte mal eine Geschichte, die verdeutlichte, wie genau Schwarze Frauen ihren Platz kannten und jederzeit und überall wussten, wie sie sich zu verhalten hatten.

Er erzählte uns von einer älteren Schwarzen in Alabama, die viele Jahre für eine Weiße gearbeitet hatte, erst als ihre Wäscherin, dann als ihr Dienstmädchen, dann als ihre Köchin und schließlich als ihre Haushälterin. Nach vierzig Jahren setzte die Schwarze sich zur Ruhe, besuchte aber ihre ehemalige Arbeitgeberin gelegentlich.

Einmal hatte die alte Dienstherrin Freundinnen zum Lunch zu Gast. Als sie erfuhr, dass Lillian Taylor in der Küche war, ließ sie sie rufen. Lillian erschien im Wohnzimmer und begrüßte die Frauen, von denen sie einige schon als Kinder gekannt hatte.

Die Weiße sagte: »Lillian, Sie haben doch sicher vom Busboykott gehört?«

»Ja, Ma'am, das habe ich.«

»Was halten Sie davon? Unterstützen Sie das?«

»Nein, Ma'am. Kein Stück. Kein Jota. Und ich werde auch niemandem aus meiner Familie gestatten, das zu unterstützen.«

»Ich wusste, dass Sie vernünftig sind, Lillian, ich habe das tief in mir gespürt.«

»Ja, Ma'am, mit dem Busboykott will ich nichts zu tun haben. Sie wissen ja, mein Sohn hat mich zu sich genommen, ich wohne jetzt bei ihm und seiner Familie (und ich darf keinen Finger krumm machen), und er arbeitet beim Elektrizitätswerk am anderen Ende der Stadt. Ich habe ihm gesagt: ›Charles, halt dich aus dem Busboykott raus. Geh zu Fuß zur Arbeit. Misch dich da bloß nicht ein.‹ Und meine Enkelkinder, die gehen im Osten der Stadt zur Schule, denen habe ich dasselbe gesagt: ›Haltet euch schön aus dem Boykott raus. Geht zu Fuß zur Schule.‹ Und selbst heute, als ich Lust hatte, herzukommen und Sie zu besuchen, da bat ich eine Dame aus meiner Kirchengemeinde, mich zu fahren. Ich wollte einfach nichts mit dem Boykott zu tun haben. Absolut nichts.«

Es war still geworden, und Lillian Taylor sagte: »Ich weiß, Sie haben jetzt reichlich Hilfe, aber möchten Sie, dass ich Ihnen allen noch etwas Kaffee bringe?«

Sie ging in die Küche, die Tochter der Weißen folgte ihr.

»Lillian, warum behandeln Sie meine Mutter so? Warum geben Sie es nicht einfach offen zu und sagen, dass Sie den Boykott unterstützen?«

Lillian sagte: »Liebchen, wessen Kopf im Maul des Löwen liegt, der zieht ihn nicht abrupt heraus. Man macht einen langen Arm und kitzelt den Löwen hinter den Ohren und zieht den Kopf ganz langsam heraus. In diesem Land liegt jede Schwarze Frau mit dem Kopf in irgendeinem Löwenmaul.«

Ich wusste, dass es einen geraden Rücken und direkte Worte brauchte, um sich die Aufmerksamkeit einer Schwarzen zu verschaffen.

»Guten Morgen. Ich werde dafür bezahlt, Ihnen Fragen zu stellen.«

Darauf wurde mit Zurückhaltung reagiert. »Was für Fragen? Warum ich?«

»Ein paar Firmen möchten wissen, welche Produkte bei den Schwarzen beliebt sind und welche nicht.«

»Was interessiert die das?«

»Das interessiert die, weil wenn Sie nicht mögen, was die verkaufen, dann werden Sie es ja nicht kaufen, und die wollen es gerne so machen, dass Sie es kaufen.«

»Klingt logisch. Kommen Sie rein.«

Kein einziges Mal wurde ich abgewiesen, aber in den meisten Fällen waren die Frauen abgelenkt. Nur wenige schenkten mir ihre ungeteilte Aufmerksamkeit. Einige beklagten sich, ihr Mann sei den ganzen Tag zu Hause.

»Ich arbeite nachts, und wenn ich nach Hause komme, dann schlafe ich ein paar Stunden, dann stehe ich auf und kümmere mich um den Haushalt. Er arbeitet nicht, er ist den ganzen Tag zu Hause, hängt hier mit seinen Freunden ab.«

Andere beklagten sich, ihr Mann sei nie da.

»Keine Ahnung, wo der sich rumtreibt. Er hat keine Arbeit, also ist er nicht bei der Arbeit, und zu Hause ist er auch nicht ... Das ist doch seltsam.«

Ich lauschte den Frauen und war endlich wieder zurück in den USA. Ich liebte ihre Sprachmelodie und freute mich, dass mir durch meine mehrjährige Abwesenheit kein einziger Ton fremd geworden war.

Ich begegnete Akademikerinnen genauso wie Frauen, die Mühe hatten, die Tageszeitung zu lesen, doch die Belastungen, von denen sie mir erzählten, waren dieselben.

Wer arbeitete oder medizinisch versorgt werden oder zusätzliche Lebensmittelmarken abholen musste, war auf ein eigenes Auto angewiesen. Der öffentliche Transport war so desolat, dass eine Frau, die um halb neun bei der Arbeit sein wollte, um fünf Uhr das Haus verlassen musste.

Wer als Haushälterin, Dienstmädchen oder Köchin arbeitete, kaufte auf dem Nachhauseweg in den Läden ein, in denen auch ihr Arbeitgeber einkaufte. Alles dort war frischer, von besserer Qualität und erheblich günstiger.

Ich hatte mich nach Watts begeben, um meine Arbeit zu machen, und hatte so viel mehr bekommen. Die Frauen ließen mich in ihr Haus und in ihr Leben. Auch wenn ich sie zu Spülmaschinensalz von Dove und Bold und Crisco und Morton befragte, hatte ich es mit sehr fleißigen, sehr klugen Frauen zu tun. Und durch sie begegnete ich auch ihren Männern, deren Jobs es nicht mehr gab und die nicht mehr in der Lage waren, ihre Familien zu ernähren.

Manche Männer fühlten sich so gedemütigt und ohnmächtig, dass sie aggressiv wurden, und das Ausmaß ihres Zorns wurde an den Körpern ihrer Frauen deutlich. Manche fühlten sich überflüssig und nutzlos, gingen weg, weg von den Gesichtern, in denen sie Enttäuschung sahen, und den Stimmen, in denen sie Scham hörten. Manche tranken bis zum Vollrausch, bis sie nicht mehr sehen oder hören und schon gar nicht mehr denken konnten.

Oberflächlich sah Watts immer noch aus wie der hübsche amerikanische Traum, breite Durchfahrtsstraßen, gepflegte Rasenflächen, nette Bungalows. Alles Tatsachen, aber hinter allem Sichtbaren gibt es immer eine tiefere Wahrheit.

Ohne Arbeit und stabiles Einkommen konnten sich die Leute kein Morgen vorstellen. Frauen und Männer, wütend auf sich selbst und einander, fingen an, ihre Kinder zu vernachlässigen. Sie setzten sie nicht in Weidenkörben vor irgendwelchen Türen aus, nein, sie vernachlässigten sie in den eigenen vier Wänden. Es wurde immer seltener abends zusammen gegessen, weil der Vater selten zu Hause und die Mutter damit beschäftigt war, herauszufinden, was sie falsch gemacht hatte, oder damit, sich herauszuputzen, um auf Männerfang zu gehen.

Die nutzlosen Kinder fingen an, wie junge Tiger durch die Straßen zu streifen, als zu Hause keine Disziplin mehr herrschte, als es keine fürsorgliche elterliche Hand mehr gab, die sie leitete. Erst fühlten sie sich hingezogen zu ihresgleichen, mit denen sie eine Familie gründen konnten. Dann machte ihr Zorn die neu gegründeten Familien gefährlich. Ganze Gangs vernachlässigter Kinder trieben sich auf den Gehsteigen in Watts herum und wurden von Tag zu Tag kühner und wütender.

Sie brachen in nie gesehener Zahl die Schule ab. Was

nützte sie ihnen, was konnte sie ihnen schon bieten? Bildung, damit sie später Arbeit fanden? Aber ihre Eltern hatten Arbeit gehabt, und jetzt war sie ihnen weggenommen worden. Ihre Eltern hatten an das System geglaubt, und jetzt? Jetzt waren sie nur noch leere, lieblose Hüllen der Menschen, die sie einst waren. Nein. Die Schule verhieß ihnen gar nichts, nichts außer der Möglichkeit, die Familie zu verlieren, die sie gerade gegründet hatten und so dringend brauchten.

9

Die Unruhen in Watts lehrten mich etwas ganz Neues. Gerüche verbreiten sich schneller und weiter als Geräusche. Wir konnten das Feuer riechen, bevor wir es (oder von ihm) hörten. Der Geruch, der schattenhaft durch mein Viertel zog, war komplex, weil mehrschichtig. Erst roch es nach brennendem Holz, dann nach angebranntem Essen, dann stank es nach verbranntem Gummi. Eine Stunde lang fragten wir uns, was da wohl brannte, dann tauchten die ersten Fernsehreporter auf, atemlos.

Am Anfang des Feuers waren keine Kameras dabei. Etliche Gebäude standen bereits in Flammen, bevor jemand anfing zu filmen. Erste Nachrichtensprecher präsentierten den Aufruhr in Bild und Ton.

»In Watts kommt es aktuell zu massiven Unruhen. Watts ist ein Stadtteil im Südosten von Los Angeles. Dort wohnen überwiegend Schwarze.« Es wurden Bilder eingeblendet, die Nachrichtensprecher japsten dann und wann.

Diese Beschreibung war für die Millionen von Weißen gedacht, die in Los Angeles lebten, aber weder eine Ahnung von der Existenz von Watts hatten noch davon, dass es tatsächlich zum Stadtgebiet gehörte und gar nicht weit entfernt war von ihren eigenen Vierteln.

Polizisten und Politiker, alle weiß, erschienen auf dem Bildschirm, um die Bevölkerung der unversehrten Stadtbezirke zu beschwichtigen.

»Haben Sie keine Angst. Die Polizei ist in Watts im Großeinsatz, und in wenigen Stunden haben wir alles unter Kontrolle.«

Wir, die wir die ganze Aktion über mehrere Tage live im Fernsehen verfolgten, wussten, dass das Unsinn war.

Die Aufständischen hatten nichts zu verlieren, sie kümmerten sich weder um ihre Sicherheit noch um ihre Freiheit. Sie bewarfen Polizisten in Streifenwagen und auf der Straße mit Steinen und Bierdosen. Schwer beladen wankten einige aus den Supermärkten, gefolgt von dicken Rauchschwaden. Männer und Frauen trugen Elektrogeräte davon, manche schoben Waschmaschinen und Trockner die Straße hinunter.

Aber weder die Stimmen, die geschult sind, von derartigen Aufregungen zu berichten, noch die Bilder von nicht identifizierbaren Plünderern, die in dunkle Ladengeschäfte eindrangen und sie wieder verließen, konnten die fürchterliche Bedrohung durch einen Aufruhr so einfangen wie der Gestank von verbranntem Holz und brennendem Gummi.

Aus den Radios plärrte: »Watts brennt.« Fernsehkameras filmten eine Gruppe von Männern, die ein Auto umkippten, und eine junge Frau, die eine Flasche gegen ein Schaufenster schleuderte. Die Scheibe zerbrach wie in Zeitlupe. Ganz gleich, was während dieser Explosion im Fernsehen gezeigt wurde, es schien langsamer abzulaufen als alles andere.

Sirenen heulten durch die Nacht, im Fernsehen war zu sehen, wie Gangs junger Männer die Feuerwehr daran hinderten, Brände zu löschen.

»Burn, baby, burn.« Die Anweisung tönte sehr klar aus

den Radios: »Burn, baby, burn.« Gewisse Kommentatoren sagten, die Menschen würden ihr eigenes Viertel abbrennen. Es brannten nur wenige Wohnhäuser, die Aufständischen konzentrierten sich auf Geschäfte, einschließlich Supermärkte, alles Eigentum der Kolonialisten, die in ihr Viertel gekommen waren, um sie auszubeuten und sie um ihr hart verdientes Geld zu bringen.

Zwei Tage lang guckte ich mir das an, dann hielt ich es nicht mehr aus. Ich fuhr nach Watts und parkte so nah am Zentrum des Aufstands, wie es mir möglich war, dann ging ich zu Fuß weiter. Der Geruch war jetzt scharf und verdorben, weil Plastikmöbel und die Fleischabteilungen der Supermärkte schwelten. An der Hauptstraße angekommen, blieb ich stehen und sah zu, wie die Leute voll beladene Einkaufswagen aus den brennenden Gebäuden schoben. Die Polizei war überall und nirgends, aus den Einsatzwagen heraus beobachteten sie das Geschehen.

Ein voll beladener, sehr konzentriert dreinblickender Junge erspähte mich.

»Brauchst du 'n Radio?«

Ich staunte, keinerlei Schuldbewusstsein in seiner Stimme zu hören. Ich sagte: »Nein, noch nicht. Aber danke.«

Normalerweise hätte ich ein »O-oh, die Frau weiß, dass ich gestohlen habe« im Gesicht des Jungen gelesen oder es zumindest gespürt. Normalerweise wäre da wenigstens ein Quäntchen Scham gewesen. Aber er hatte eher verschwörerisch agiert, als wollte er sagen: »Wir sitzen in einem Boot. Ich weiß, dass du nicht nur weißt, was ich tue, sondern dass du es auch gut findest und es selbst tun würdest, wenn du könntest.«

Rauch und Schreie lagen in der Luft. Hinter mir stieß jemand lange, heftige, vulgäre Verwünschungen aus. Ich konnte kaum noch unterscheiden, ob die Gestalten, die an mir vorbeizogen, Männer oder Frauen waren, jung oder alt.

Je weiter ich ging, desto schlechter bekam ich Luft. Ich hatte mich gerade umgedreht, weil ich zurück zum Auto wollte, als ein Geräusch alles durchschnitt. Das laute Heulen der Polizeisirenen war so nah, dass mir fast die Ohren platzten. Polizisten in Gasmasken tauchten aus dem Rauch auf, Gestalten aus einem Albtraum. Ich geriet in Panik, im Handumdrehen war ich vollkommen durcheinander. Die Sirenen waren in meiner Nase, der Rauch wie Watte in meinen Ohren. Zwei Polizisten packten jemanden, der vor mir stand. Sie zerrten den Mann mit sich, der schrie: »Lasst mich los, ihr Schweine! Lasst mich sofort los!«

Ich fing an zu rennen, aber ich konnte den Asphalt nicht sehen, darum wusste ich kaum, wohin ich die Füße setzte. Ich lief weg. Eine Hand griff nach mir, doch ich schüttelte sie ab und rannte weiter. Meine Lungen waren kurz davor, zu zerplatzen, meine Waden krampften. Ich trieb mich weiter an. Ich rannte immer noch, als ich bemerkte, dass ich wieder saubere Luft atmete. Ein Blick auf die Straßenschilder verriet mir, dass ich fast eine Meile von meinem Auto entfernt war, aber wenigstens war ich nicht im Knast. Ich war in die entgegengesetzte Richtung zu meinem Auto gerannt, ich würde in einem großen Bogen um Watts herumgehen müssen, um es zu holen, aber wenigstens war ich nicht in Watts.

Als ich wieder nach Hause kam, war die Berichterstattung im Fernsehen hypnotisierend. Man sah die Nationalgarde in Watts anrücken. Junge Männer mit finsteren Mienen und bangen Herzen. Ihnen war unwohl mit der neuen, schweren Verantwortung und den neuen, schweren Waffen.

Nach drei Tagen füllten sich die Gefängnisse. Die Medien berichteten von hunderten Plünderern, die festgenommen wurden. Frances Williams sagte, in den Schönheitssalons und Barbierläden werde gemunkelt, dass die Polizei jeden festnahm, der Schwarz war oder im Verdacht stand, Schwarz zu sein.

Alle redeten nur noch von Watts. Was da passiert war, diese Explosion von Zorn, überraschte und verwirrte viele: »Ich bin schon so oft durch Watts gefahren. Sehr hübsch da.« Andere waren wütend: »Die Polizei sollte einfach schießen dürfen. Wenn erst ein paar von den Plünderern erschossen sind, kapieren die anderen es schneller.« Watts brannte weiter. Es hatte noch nicht genug, und auch ich hatte noch nicht genug.

Meine Neugier hatte mich schon oft an den Rand des Verderbens geführt. Neugier und unbändig, diese beiden Wörter wurden oft im Tandem verwendet. Denn Neugier ist zappelig, schwer zu befriedigen, sucht nach Antworten, bevor sie überhaupt Fragen formuliert hat. Neugier will betrachten, verstehen, vielleicht sogar erobern.

Zwei Tage nach meinem vorsichtigen Ausflug ins Kriegsgebiet musste ich noch einmal hin, aber dieses Mal wollte ich meine Angst unter Kontrolle behalten. Dieses Mal wollte ich nicht weglaufen.

Die Brände hatten sich ausgebreitet, von da, wo ich letztes Mal geparkt hatte, war es jetzt nur noch einen Häuserblock bis zu den Unruhen. Ich stellte das Auto trotzdem da ab und marschierte mitten hinein in den Krach.

Die Alarmanlagen der fenster- und türenlosen Geschäfte heulten. Bewaffnete Zivilisten standen vor verwüsteten Läden, um weitere Plünderungen zu verhindern. Sie wurden blöd angemacht.

»Hey, Bruder, das sind Charlies Sachen, auf die du da aufpasst. Bist du blöd?«

»Ich würde bestimmt nicht für den Kram von jemand anderem mein Leben riskieren. Wenn denen das Zeug so viel wert ist, können sie doch selbst herkommen und drauf aufpassen.«

»Nicht für alles Geld der Welt würde ich mein Leben aufs Spiel setzen ...«

Auch die Nationalgarde wurde blöd angemacht, aber nicht ganz so spitz.

»Hey, Mann, was für ein langweiliger Einsatz für dich.«

»Kommst du dir nicht ein bisschen blöd vor, hier vor einem Supermarkt rumzustehen?«

Vor einem Pfandhaus hörte ich: »Hey, Mann, kommst du dir nicht albern vor, Leute davon abzuhalten, was zu klauen, was eh schon geklaut wurde?«

Die Soldaten bemühten sich, keine Miene zu verziehen.

Die Verwüstungen hatten enorme Ausmaße angenommen. Am zweiten Tag der Unruhen, als ich zum ersten Mal nach Watts fuhr, fand ich einen Korridor von ausgebrannten Gebäuden und Autos vor, aber am vierten Tag war aus dem Korridor eine breite Schneise geworden.

Abends setzte ich mich an meinen Küchentisch und notierte auf einem gelben Block, was ich in Watts gesehen hatte und was im Fernsehen über den Aufstand berichtet wurde.

Unser
DEIN FREUND CHARLIE Pfandhaus
Brannte herrlich lichterloh
Die Flammen hörte ich lecken
Dann fressen
Die Kästen mit Zirkon
In rotgoldenem Schmelz
Osterkleidung und geklauter Pelz
Verbrannten auf dem Boden
Radios und Fernseher
Knackten gestört
Angeschlossen allein
An eine Schwarze Fassung

Gastlichkeit, Südstaatenart
Maisgrütze und breites Lächeln
Ganze Blocks brechen aus
Sterne, brandneu
Polizei in ihren
Wagen, brandneu
Tucka tucka ticka
Pass bloß auf Nigga
Wer plündert und zündelt
Der kommt nicht weit

Es flammen auf: hunderte Watt(s)
Detroit, Newark und New York

Nerven kreischen, Köpfe platzen
Leben hängt ab
Von einer Polizeipfeife
Dem Finger eines Sozialarbeiters
Auf der Klingel

Ein Zauber begleitete mich bei meinem zweiten Besuch in das explosive Watts. In der Schwarzen Community wurde ich unsichtbar. Als mir aufging, dass niemand mich sah, blieb ich stehen und verharrte. Am ersten Tag meiner neuen Arbeit in Watts hat mich niemand angesprochen, niemand hat meine Anwesenheit kommentiert, aber man hat mich gesehen. Dieses Mal hätte ich mich in einem Weißenviertel befinden können. Wenn ein Schwarzer in einem Weißenviertel auftaucht, sind die Leute dort kurz alarmiert, aber wenn der Schwarze nicht bedrohlich wirkt, wird er sofort aus der Wahrnehmung gelöscht.

In der Schwarzen Community wird jeder Schwarze als Mensch wahrgenommen.

Bei diesem Ausflug nach Watts erlebte ich andere Reaktionen. Weder die Plünderer noch die Polizei noch die Zuschauer noch die Nationalgarde beachteten mich. Ein paar junge Männer schaukelten ein Auto voller Weißer, deren Gesichter durch die Scheiben aussahen wie Halloweenmasken. Ihre Augen traten panisch hervor, und bei offenen Fenstern hätte ich sicher die Schreie aus ihren weit aufgerissenen Mündern gehört.

Eine Phalanx von Polizisten überholte mich und nahm sich schnell und lautlos der Randalierer an. Die Beamten legten den Tätern Handschellen an, und ich richtete meine

Aufmerksamkeit auf das jetzt stillstehende Auto. Die Insassen lächelten einander an, aber ihr Lächeln schien mir keins der Erleichterung, sondern der Genugtuung. Sie waren nach Watts gekommen auf der Suche nach einem besonderen Kick, und den hatten sie wohl bekommen.

Die frisch festgenommenen Männer wurden so dicht an mir vorbei abgeführt, dass ich sie hätte anfassen können, aber weder sie noch die Polizei beachteten mich.

Ich ging weiter und kam an ein paar Leuten vorbei, die die Hauptstraße entlangschlenderten und sich zwanglos umsahen. Sie wirkten inmitten dieser allgemeinen Unruhe so ruhig, dass es sich eigentlich nur um Anwohner handeln konnte. Sie waren auf die Geschäfte und die ausgebrannten Überreste der Gebäude konzentriert und sahen mich nicht.

Inmitten der Verwüstung gab es Zonen der Ruhe, und entweder brachte ich Gelassenheit mit oder sie fand mich, wo immer ich war. Ich sah dabei zu, wie die Leute im Schutt stocherten. Jede unbeschädigte Tasse, jeder unversehrte Teller wurde wie ein Schatz behandelt. Eine Frau lächelte zufrieden, als sie nicht einen einzelnen Schuh fand, sondern ein Paar. Ein Mann ging an mir vorbei, grinsend und mit einer abgewetzten Hose in der Hand.

Am ersten Tag des Aufruhrs waren Menschen jeden Alters auf die Straßen geströmt, angetrieben von ihrer Wut. Am vierten Tag war der Zorn der Älteren verraucht. In ihren Gesichtern las ich Trauer und Resignation. Niemand versuchte, die Jüngeren von ihrem aufbrausenden Verhalten abzubringen.

Vor und hinter mir wurden Menschen abgeführt, aber mich beachtete niemand. Gut, ich schrie die Gesetzeshüter nicht an, ich beleidigte sie nicht, und ich hatte nichts in den Händen, das auch nur ansatzweise nach Plündergut aussah, aber das hatte die Polizei noch nie abgehalten. Selbst Menschen auf dem Weg zur oder von der Arbeit waren verhaftet worden.

Am Abend vorher hatte ich an etwas denken müssen, das meine Mutter mal gesagt hat: »Es ist keine Schande, im Gefängnis zu landen für etwas, an das man glaubt. Gefängnisse wurden für Menschen gemacht. Nicht für Pferde.« Daraufhin hatte ich beschlossen, noch einmal nach Watts zu fahren und mich gegebenenfalls festnehmen zu lassen.

Drei Gefangenentransporter wurden gefüllt und fuhren davon, während ich an der Ecke der 125. Straße und Vermont stand. Mit einer Mischung aus Enttäuschung und Erleichterung ging ich zurück zum Auto.

Fünf Tage noch gingen die Unruhen in dieser Lautstärke und Dramatik weiter, und obwohl die Gewalt nachließ, war der Frust noch genauso präsent wie immer. Politiker und Gemeindevertreter trafen sich und gaben Pressekonferenzen. Den Fernsehzuschauern wurde versichert, man werde für Watts einen Plan ausarbeiten.

Die Asche hatte sich noch nicht restlos auf den Autos und Fensterbänken abgesetzt, als die ersten Touristen kamen, um sich dieses Watts anzusehen. Journalisten aus Frankreich, England und der Sowjetunion interviewten Menschen in Watts. Sie fragten alles, was ihnen gerade so einfiel: »Warum hat Watts gebrannt?« »Warum haben Sie ihren eigenen Stadtteil angezündet?« »Es heißt doch immer, Amerika sei ein Schmelztiegel?« »Haben Sie versucht, kräftig einzuheizen, um die Schmelztemperatur zu erreichen?«

Die Leute antworteten, was ihnen gerade so einfiel.

»Als ich das Feuer bemerkte, war es schon zu spät.«

»Ich habe keine Arbeit, darum habe ich Watts angezündet.«

»Ich hatte nichts zu tun, darum habe ich ein Geschäft angezündet.«

Den Journalisten wurde so begegnet, wie es die Schwarzen seit Einführung der Sklaverei gewohnt waren: »Wenn ein Weißer dich fragt, wohin du gehst, dann sag ihm, woher du kommst.«

Wenn ein Weißer fragt: »Wo gehst du hin, Junge?«, dann kratz dich am Kopf und druckse herum: »Ach, Sir, ich war da, die Straße runter, bei dem großen alten Baum, wissen Sie, und da hab ich was gesehen, was nur schwer auszuhalten war ...«

»Ich habe nicht gefragt, wo du vorher warst, ich habe gefragt, wo du hingehst.«

»Ja, Sir, das versuche ich ja, Ihnen zu erklären. Wenn Sie gesehen hätten, was ich gesehen habe ... Ich weiß nicht ... wenn Sie ... das war keine halbe Meile entfernt. Ich musste da weg, wer weiß, was sonst passiert wäre.«

Der Weiße antwortet dann für gewöhnlich: »Was bist du doch für ein Narr. Mit dir verschwende ich bestimmt keine Zeit mehr.« Der Weiße geht, und der Schwarze freut sich, dass er keine Geheimnisse preisgegeben und nicht gelogen hat.

Aber die Sprechtrommeln der Schwarzen Community verkündeten die Botschaft laut und deutlich. Die Rebellion kam wichtigen Menschen zu Ohren, und nun würde sich etwas ändern. Gemeindesprecher sagten, am dringendsten nötig sei eine Klinik, damit die Leute nicht zwei, drei Stunden unterwegs waren, um zum Arzt zu kommen.

Die ohne Arbeit wollten Arbeit, die mit schlecht bezahlter Arbeit wollten besser bezahlte Arbeit.

Wer würde die vielen Fragen beantworten, die vielen Wünsche erfüllen? Würde es überhaupt jemand tun? Konnte das jemand? Die Geschichte hatte die Einwohner von Watts gelehrt, das Beste zu hoffen und nichts zu erwarten, aber auf das Schlimmste vorbereitet zu sein.

Ein Sonnenstrahl durchdrang den düsteren Zynismus, als Budd Schulberg, preisgekrönter Schriftsteller, nach Watts kam und eine Schreibschule gründete, den Watts Writers Workshop. Menschen, die seinen Namen noch nie gehört hatten, priesen und segneten ihn.

»Ein Schriftsteller aus Hollywood, hast du gesagt?«

»Und er kommt nach Watts?«

»Endlich mal ein Weißer, der nicht nur leere Worte macht. Gefällt mir. Echt.«

Einige Frauen, mehrheitlich weiß und mit einem Filmmogul verheiratet, taten sich zusammen und gründeten Neighbors of Watts. Sie kamen nach Watts und fragten die Frauen dort, wie sie helfen könnten.

Mrs. Violetta Robinson, die Mutter von Watts genannt, erklärte ihnen, was die Frauen in Watts brauchten: akkreditierte, gründlich bezuschusste Krippen und Kindergärten, damit die Kinder betreut waren und die Mütter ruhigen Gewissens zur Arbeit gehen konnten. Im Schatten dieses Wunsches schwang etwas von Sklaverei mit. Versklavte Mütter, die einst vor dem Sonnenaufgang aufstanden und schliefen, sobald es dunkel wurde, zogen weniger sorgenvoll auf die Zuckerrohr- und Baumwollfelder, weil sie wussten, dass eine andere Frau, Tante Susie, Tante Mae, Tante Carrie, auf die vielen Kinder aufpasste. Sie trösteten sich mit »Tante Susie liebt Kinder« und »Die Kinder lieben Tante Mae«. »Tante Carrie lässt sich von den Kindern nicht auf der Nase herumtanzen, und sie gibt ihnen selbst zu essen. Sie lässt sie nicht wie Schweine aus Trögen fressen, wie es auf anderen Plantagen üblich ist.« Manchmal dienten den Kindern Mais- oder Kohlblätter als Teller, aber jedes Kind aß mit sauberen Fingern von einer sauberen Unterlage.

Hundertfünfzig Jahre später brauchten Schwarze Frauen immer noch diese Gewissheit.

Meine allwissende Vermieterin sagte, die Neighbors of Watts würden für eine Kinderbetreuungsstätte sorgen. Sie sagte auch, dass in Watts ein Gesundheitszentrum gebaut würde und dass es nach Charles Drew benannt würde, einem großen afroamerikanischen Arzt, der ein Verfahren entwickelt hatte, Plasma von Vollblut zu trennen.

Ein französischer Journalist rief mich an und sagte, er habe meine Namen und meine Nummer von James Baldwin bekommen. Ich stimmte einem Interview zu. Zurückhaltend nahm er auf meinem Schlafsofa Platz.

»Bei uns Franzosen hat es nie, nie, nie Sklaverei gegeben, darum fällt es uns so schwer, den Rassismus der Amerikaner zu verstehen.«

Vielleicht war es das dritte »nie« gewesen, das mich veranlasste, ihn in die Zange zu nehmen.

»Und als was würden Sie Haiti bezeichnen? Als einen Vergnügungspark?«

Da verließen ihn seine Englischkenntnisse. »Haiti? *Est-ce que tu as dit Haiti?*«

»*Oui.*«

»Ich meinte, in Frankreich. *Nous* haben *jamais* auf französischem Boden *esclavage* betrieben.«

»Sie haben doch über Haiti und Martinique geherrscht – und Guadeloupe. Die Afrikaner dort sind nicht mit der *Île de France* dahin gekommen. Sondern auf Sklavenschiffen.«

Er sagte, langsam könne er den Zorn ein wenig verstehen. Wenn jemand wie ich so wütend sei, wie viel wütender dann wohl die seien, die weniger hätten als ich?

Ich sah den Mann an, sein Barett, seine kleinen, gepflegten, tanzenden Hände, dann betrachtete ich mein Ein-Zimmer-Apartment mit den Möbeln von Goodwill und den Bildern von Woolworth's. Ich hatte weniger als viele andere, die ich kannte, aber wenn er glaubte, ich sei wohlhabend, dann würde nichts, was ich sagte, ihm dabei helfen, Watts zu verstehen. Wäre er einen Tag vor der Explosion gekommen, wäre er in die richtige Bar oder Billardhalle oder ein Gemeindezentrum gegangen, dann hätte er jemanden treffen können, der ihn aufgrund seines Akzents als einen Fremden ausgemacht und vielleicht zu sich nach Hause eingeladen hätte.

Er hätte in einem gut möblierten Haus sitzen und köstliches Huhn mit Gemüse essen können, serviert mit größter Gastfreundschaft. Dann wäre er am nächsten Tag gründlich verwirrt gewesen, wenn er von den Bränden gehört hätte und gesehen, wie seine Gastgeber vom Vorabend mit der schwer bewaffneten Polizei kämpften.

Aber ich konnte ihn nicht herausfordern. Er würde die

Wut und die Enttäuschung in Watts nicht verstehen, und ihn weiter zu provozieren würde mir auch kein besseres Gefühl bescheren. Wie viele meiner Ahnen beschloss ich, ihm ein wenig von dem zu erzählen, was er gerne hören wollte, und ein wenig von dem, was ich sagen wollte.

Sicher ist er mit ein wenig Wahrheit und ein wenig Dichtung nach Paris zurückgekehrt. Sicher schrieb er einen Bericht über den Watts-Aufruhr, der es seinen Lesern gestattete, an den Stereotypen festzuhalten, mit denen sie sich wohlfühlten, während sie sich selbst beglückwünschten, auf dem Laufenden zu sein.

10

Frank Silvera verkörperte genau das, was in Südamerika mit dem Wort *mestizo* gemeint ist. Seine Vorfahren waren Afrikaner und Spanier, und er war ein hellhäutiger Schwarzer, der den mexikanischen Vater von Marlon Brandos Zapata spielen konnte. Ein Schwarzer, der den italienischen Vater von Ben Bazzara in *Giftiger Schnee* am Broadway spielen konnte. Ein Schwarzer, der die Titelrolle in Shakespeares *König Lear* spielen konnte.

Silvera hatte in Los Angeles eine Theaterkompanie, die er selbst das Theatre of Being nannte und die Schauspieler der Kompanie das Tee Oh Bee. Beah Richards, meine direkte Nachbarin, war der Star der Truppe, neben Vantile Whitfield und Dick Anthony Jones als festen männlichen Hauptdarstellern.

Beah war mit ihrem Erfolg am Broadway und anderswo und insbesondere in James Baldwins *Blues für Mr. Charlie* in der afroamerikanischen Community legendär. Als ich sie kennenlernte, wurde sie oft als unsere größte Bühnenschauspielerin bezeichnet und musste nur mit Ruby Dee um diesen Ehrentitel konkurrieren.

Frank beschloss, in seinem Theatre of Being *Medea* zu inszenieren. Selbstverständlich sollte Beah die Titelrolle spielen. Und genauso selbstverständlich würde sie mit ihrer Darstellung alles bisher Dagewesene übertreffen. Als Frank das Projekt ankündigte, feierten Beah und ich mit ein paar Freunden. Mitten in der Ausgelassenheit wurden Schwierigkeiten erwähnt. Beah hatte keinen Führerschein. Ich bot ihr an, sie jeden Tag zum Theater zu fahren, und sie sagte, sie würde mir Benzingeld geben.

Die Rolle der Krankenschwester war noch nicht besetzt. Ich reihte mich beim Vorsprechen ein, trug ein Gedicht von Langston Hughes und ein Sonett von Shakespeare vor und bekam die Rolle.

Ich wusste, dass ich gut genug war für die Rolle, aber ich war mir nicht sicher, ob Frank mich aufgrund meines Talents engagiert hatte oder um sicherzustellen, dass Beah zum Theater kommen konnte.

Frank und Beah bewunderten einander zutiefst. Sie sprach, und er lachte entweder schallend oder strich sich übers Kinn und ging völlig gedankenverloren auf und ab.

Meine Verunsicherung vertiefte sich während der Proben. Ich stand hinter der Bühne, während Frank Beah immer wieder in der Mitte im hellsten Scheinwerferlicht stehen haben wollte. Natürlich war sie der Star, aber die Rolle der Krankenschwester war nicht unwichtig, trotzdem zitierte er mich nie nach vorn. Das Schattendasein begann mich zu schmerzen. Ich ging in einen Buchladen und kaufte Euripides' *Medea* sowie alle möglichen anderen Bücher zu Medea, Jason, der *Argo* und dem Goldenen Vlies.

Neben dem Theater gab es eine kleine Bar. Ich informierte den Inspizienten, dass ich dort zu finden sei, falls ich gebraucht würde. Jeden Tag setzte ich Beah am Theater ab, wechselte ein paar Worte mit den anderen und setzte mich dann im Schummerlicht der Bar an einen Tisch. Ich erarbeitete mir, wer die Krankenschwester war und warum sie sich Medea gegenüber so loyal verhielt.

In meiner persönlichen Version der ganzen Geschichte war die Krankenschwester bei Medeas Geburt die Hebamme gewesen. Kurz darauf gebar die Krankenschwester selbst ein Kind, das aber starb. Medeas Mutter, die keine Lust auf die Scherereien hatte, bewegte die Krankenschwester dazu, als Amme zu dienen und Medea mit der Milch für das tote Kind zu säugen.

Während ich in der Bar saß, entwickelte ich meine Rolle mit all ihren Launen und Marotten. Schon früh beschloss ich, dass die Krankenschwester Medea als ihre Tochter betrachtete und das Mädchen abgöttisch liebte. Als Medea zur Frau wurde, umhegte und umschwärmte die Krankenschwester sie, sie folgte ihr überall hin, auf Schritt und Tritt. Als Medea Jason heiratete, war die Krankenschwester dabei. Als Medea ihrem Vater, dem König, das Goldene Vlies raubte, weil Jason sie dazu aufgefordert hatte, half die Krankenschwester ihr. Später entkam die Krankenschwester dem Zorn des Königs, indem sie sich zu Medea auf das Schiff der Argonauten, auf die *Argo*, rettete. Die Krankenschwester litt an schwerer Arthritis, weil sie so oft auf dem Boden geschlafen hatte. Das alles machte ihr nichts aus, solange sie in Medeas Nähe sein konnte. Sie war in all den Jahren ihrer Dienerschaft für Medea alt und schrullig geworden, und Medea betrachtete die Verehrung durch die Krankenschwester als angemessen. Als Jason ihr gegenüber immer kälter wurde, tötete Medea im Zorn darüber die beiden gemeinsamen Söhne. Die Krankenschwester wusste davon, rügte Medea aber nicht, sondern sagte: »Sie hat getan, was jede andere Frau auch getan hätte, wenn sie provoziert worden wäre.«

Ich fing an, mir bei dieser recht schlicht erzählten Geschichte von Leidenschaft und Horror einige Freiheiten zu nehmen. Da ich keine Regieanweisungen erhielt, musste ich Situationen erschaffen, die erklärten, warum die Figur, die ich verkörperte, alles billigte, was Medea tat. Ich versuchte nicht, Medea zu verstehen, oder wie Liebe und Vergötterung zu Diebstahl und Mord führen konnten, aber ich fand, die Krankenschwester hatte eine schöne Stimme, und Singen war das einzige Vergnügen in ihrem Leben, das nicht von Medea stammte.

Ich besorgte mir graue Theaterhaarfarbe und fahles Make-up, und als ich eine Woche vor der Premiere zu den Proben dazugebeten wurde, brachte ich die grauhaarige, humpelnde, singende Krankenschwester auf die Bühne. Beah und Frank waren fasziniert, allerdings nicht gerade begeistert, aber angesichts der Kürze der Zeit konnte Frank meinen Auftritt auch nicht mehr grundlegend ändern.

Das Stück erntete widersprüchliche Kritiken. Die einen liebten es, die anderen hassten es. Manche fanden es modern und sehr gut gespielt, andere fanden es effekthascherisch und gekünstelt. Alle lobten Beah Richards, und ein paar hatten auch nette Worte übrig für die etwas ältere Schauspielerin, die keiner kannte, die aber die Krankenschwester so gut gespielt hatte.

11

Das Sid's war ein beliebter Treffpunkt für Leute aus New Orleans. Der Inhaber Jase und seine Frau Marguerite waren angesehene Köche louisianischer Küche, in ihrem Lokal wurde stets heiter gelacht und laut geredet. Jase und Marguerite mochten mich und gaben mir das Gefühl, willkommen zu sein, und so wurde Sid's Café and Bar mein zweites Zuhause.

Eines Abends saßen vier besonders interessante Gäste in der Nische bei der Tür. Die beiden Frauen agierten genauso laut und wild wie die Männer, ohne dass irgendjemand von ihnen vulgär gewesen wäre. Sie sahen, dass ich sie beobachtete, und einer der Männer winkte mich heran.

»Hey, sind Sie alleine?«

»Ja.«

»Dann setzen Sie sich doch dazu.«

»Ja, genau.«

Ich setzte mich.

»Kommen Sie aus New Orleans?«

»Nein.«

»Wir aber. Von wo sind Sie denn weggelaufen?«

»Ich bin von Hawaii hierhergekommen, davor war ich in San Francisco, und davor in Ghana in Westafrika.«

»Hey, klingt gut. Passt perfekt zu mir. Noch ein Nigger, der lügt, dass sich die Balken biegen. Genau wie ich. Ich bin Phil. Und Sie?«

»Ich bin Maya, und ich bin weder ein Nigger noch lüge ich.«

Eine der Frauen sagte: »Ganz recht so. Lassen Sie sich das nicht gefallen. Dieser Idiot nennt sich selbst Nigger, aber wehe, ein Weißer nimmt das Wort in den Mund, dann ist er der Erste, der ihm eine reinhaut.«

»Ich darf das sagen, weil ich von mir selbst spreche. Ich meine es nicht böse.«

Ich sagte: »Aber Sie wenden ein entsetzliches Wort auf sich selbst an, obwohl Sie doch ganz bestimmt kein entsetzlicher Mensch sind.«

Phil sagte: »Ich dachte, Sie waren in Hawaii und Afrika. Dabei klingen Sie wie meine Lehrerin damals in Baton Rouge.«

Ich sagte: »Und ich dachte, Sie seien aus New Orleans.«

Phil sagte: »Hab doch gesagt, dass ich ein lügender Nigger bin. Ich kann übrigens auch unleidlich werden.«

Ich sagte: »Ich glaube, ich setze mich zurück an meinen Tisch.«

Alle plapperten auf einmal los.

»Nein. Bleiben Sie hier.«

»Erzählen Sie uns von Afrika.«

»Nein, ich will was über Hawaii hören.«

»Kümmern Sie sich nicht um Phil. Er meint es wirklich nicht böse, wir scherzen viel.«

Ich traf mich von da an öfter mit den vieren, und im Laufe der Wochen verwendete Phil die rassistische Beleidigung immer weniger. Wenn sie ihm doch mal herausrutschte, riss er sofort die Augen auf und sah mich an.

Eines Tages kamen sie vormittags zu mir. Ich bot ihnen

Mogen David und Mateus an. Wir saßen am Küchentisch, tranken Wein und erzählten uns Geschichten.

Phil schlug vor, eine Spritztour zu machen. Wir stimmten zu, obwohl wir alle zu alt waren, um einfach nur so durch die Gegend fahren, schließlich waren wir alle über dreißig.

Aber es gab keine Abweichler. Wir quetschten uns alle in Phils Klapperkiste und sagten Sachen wie:

»Nach Hause, James, und schonen Sie die Pferde nicht.«

»Fahrer, folgen Sie dem Taxi da.«

»Sie kriegen einen Zehner, wenn Sie sich nicht abhängen lassen.«

Wir waren allerbester Laune, als wir die Bahnschienen überquerten und einen Zug pfeifen hörten. Wir machten das Geräusch nach. Dann setzte Phil plötzlich zurück, bis wir uns mitten auf den Schienen befanden. Dann schaltete er den Motor ab.

Ich konnte den Zug nicht sehen, aber dem Pfeifen nach zu urteilen befand er sich hinter der nächsten Kurve.

Ich rief: »Fahr hier weg. Fahr verdammt noch mal das Auto von den Gleisen.« Ich saß auf der Rückbank. Phil drehte sich zu mir um und grinste.

Ich rüttelte an der Rücklehne des Beifahrersitzes, doch die Frau, die dort saß, war eingeschlafen. Als der Zug in Sichtweite kam, fiel eine weitere Stimme mit ein: »Jetzt fahr schon, Mann, was ist denn los?« Inzwischen schrie ich. »Du bringst uns alle um!«

Der Motor sprang an, das Auto rollte Sekunden, bevor der Zug vorbeiraste, von den Schienen.

Die beiden anderen, die mit mir auf der Rückbank saßen, beschimpften und verfluchten Phil, aber ich brachte keinen Ton heraus. Ich war vor Angst wieder verstummt, genau wie vor fünfundzwanzig Jahren, als ich derartig unter Druck gesetzt wurde, dass ich beschlossen hatte, nicht mehr zu sprechen.

Dieses Mal aber lag die Entscheidung nicht bei mir. Ich brachte einfach kein Wort mehr über die Lippen. Phil fuhr mich nach Hause und hielt an der gegenüberliegenden Straßenseite.

»Willst du hier aussteigen?«

Ich nickte.

Die Frau neben ihm wachte auf und fragte unwirsch: »Was ist los?« Sie runzelte die Stirn und lehnte sich nach vorn. Ich kletterte hinter ihr vorbei aus dem Auto. Ich richtete mich auf und merkte, dass ich mir in die Hose gemacht hatte. Meine Sachen waren feucht und zerknittert.

Phil wartete darauf, dass ich mich entfernen würde, und mir wurde klar, dass er wusste, was mir passiert war. Aber ich konnte ja nicht den ganzen Tag da stehen bleiben, also überquerte ich, damit er mich gut sehen konnte, vor dem Auto die Straße.

Es überraschte mich nicht, dass er lachte. »Maya hat sich bepisst vor Angst. Weil ich ihr einen Schrecken eingejagt habe. Guckt euch das an ... Maya, komm her und mach mein Auto sauber. Jetzt komm schon, ich tu's auch nie wieder.«

Ich ging weiter. Er fuhr langsam neben mir her, lachte und forderte mich auf, wieder einzusteigen. Sein Spott focht mich nicht an. Meine Angst wog schwerer als alles, was er sagte.

Er gab erst Gas und fuhr davon, als ich die Stufen zu meinem Apartment hinaufstieg.

Unter der Dusche fiel die Angst langsam von mir ab. In sauberen, trockenen Sachen setzte ich mich hin und dachte über diesen grauenhaften Zwischenfall nach. Ich musste daran denken, wie Phil sich bei unserer ersten Begegnung selbst beschrieben hatte, und mir ging auf, dass ich mindestens eine wichtige Lektion gelernt hatte. Nämlich, dass man den Leuten glauben sollte, wenn sie einem erzählen, wer sie sind. Sie kennen sich selbst am besten. Die rassistische Abwertung mag auf ihn nicht zugetroffen haben. Ich kannte ihn nicht gut genug, um zu wissen, ob er ein Lügner war. Aber eins hatte ich am eigenen Leib erfahren: Er war fies und unleidlich.

12

Die Stimme am Telefon erschreckte mich.

»Hallo, ist das meine Maya?«

Vor Entsetzen schnürte sich mir die Kehle zu.

»Hallo, Maya, sprich mit mir. Hier ist dein Ehemann.«

Er war nicht mein Ehemann, aber er war meine große Liebe und meine größte Angst, und ich hatte ihn verlassen, wie ich Afrika verlassen hatte. »Hallo«, antwortete ich zögernd.

»Ich bin hier.« Das konnte nicht sein. Ich sah zur Tür. »Ich bin in New York City. Ich bin in die Staaten gekommen, um dich zu holen. Gott hat dich mir geschenkt. Weißt du noch?« Ich brachte keinen Ton hervor.

Das war der Mann, der mir das Herz aus dem Leib gerissen und offen auf seiner Schulter getragen hatte wie eine Epaulette, und ich hatte ihn vergöttert.

Er sagte: »Liebst du mich noch?«

Endlich fragte ich: »Bist du wirklich in New York City?«

Er redete einfach weiter, wie immer. »Natürlich liebst du mich. Ich komme nach Kalifornien, um dich zu holen. Ich bringe dich zurück nach Afrika.«

Ich sagte, ich hätte mir in Los Angeles ein eigenes Leben aufgebaut und würde nirgendwohin gehen.

In Ghana hatten wir beide versucht, eine Beziehung zueinander aufzubauen. Er war laut, bombastisch und autokratisch. Aber er liebte mich und fand mich lustig und sexy, und er sagte, ich sei brillant. Er sah erstaunlich gut aus, und seine Erziehung als junger Königlicher hatte ihm eine Selbstsicherheit verliehen, die ich unwiderstehlich fand. Wir hätten ein gutes Paar werden können, aber ich hatte niemanden, von dem ich mir hätte abschauen können, wie er mich gerne gehabt hätte. Ich liebte ihn, aber das war nicht genug gewesen. Er wollte angebetet werden. Doch ich als Amerikanerin, als Schwarze Amerikanerin, als Tochter von Vivian Baxter, Schwester von Bailey Johnson und Mutter von Guy Johnson war gänzlich unvorbereitet darauf, irgendein sterbliches Wesen anzubeten.

Wir hatten uns so oft lautstark gestritten und leidenschaftlich versöhnt, dass mir irgendwann klar wurde, unser Leben würde ewig diesem Muster folgen. Zur selben Zeit befand mein Sohn das Wort »Mutter« auf einmal für unbrauchbar und sprach mich lieber mit »Yeah« an.

Und so hatte ich Afrika ihm und meiner afrikanischen Liebe überlassen. Und jetzt war mein Geliebter auf demselben Kontinent wie ich und ich konnte nicht weglaufen.

Ich rief meine Mutter an, von der ich mir Kraft und Rat erhoffte. Ihre Stimme klang warm und liebevoll.

»Die Welt ist groß, Baby, und Los Angeles ist eine große Stadt. Lass ihn kommen. In Los Angeles ist genug Platz für euch beide.«

Sie hatte nie gehört, wie er mich anbrüllte oder ich ihn ankreischte.

»Oh ja«, fuhr sie fort. »Ich habe neulich mit Guy gesprochen. Er ist fast fertig mit der Uni, und ich glaube, ich habe herausgehört, dass er nach Hause kommen will.«

»Ach?«

»Ja, er will nach Hause kommen, wenn er fertig ist. Aber er hat kein Geld mehr.«

»Mom, ich habe ihm genug dagelassen, wenn er das jetzt schon alles verpulvert hat –«

Sie sagte: »Er ist mein Enkel. Ich will nicht, dass er mittellos ist.«

»Das müsst ihr beiden untereinander ausmachen. Wenn er bereit ist, nach Hause zu kommen, gebe ich dir das Geld für sein Flugticket. Aber sag ihm nichts davon.«

Mutter sagte: »Ich verstehe«, und so war es.

Der Afrikaner kam und füllte mein kleines Apartment komplett aus mit seiner lauten Stimme und seiner Männlichkeit. Seine Sexualität war so offenkundig, dass ich dachte, alle anderen müssten sie auch wahrnehmen.

Er schmeichelte sich bei meiner Vermieterin und meiner Nachbarin ein. Als er ihnen erzählte, er sei gekommen, um mich wieder mit nach Afrika zu nehmen, boten sie sofort an, mir beim Packen zu helfen.

Mein Körper befand sich in einem permanenten Glückszustand, und doch konnte ich nicht verbergen, wie sehr mir seine Erwartungshaltung missfiel, bedient zu werden wie ein Invalide: »Geh und bring mir das.« »Geh und hol mir jenes.« »Geh und mach mir was zu essen.«

Ich wusste, dass Englisch für ihn eine Fremdsprache war, dennoch musste ich ihn darüber aufklären, dass dieses »Geh und ...« eine überholte, eng mit der Sklaverei verknüpfte Wendung war und dass ich nicht positiv darauf reagieren würde.

Es gab Abende, da fragte ich mich, was ich ohne ihn machen würde. Es gab Abende, an denen wir über meine Bedenken sprachen und er mir zuhörte. Es gab Abende, an denen er mich hielt, während ich um Malcolm trauerte.

Ich stöhnte und sagte: »Das waren Schwarze, die ihn erschossen haben! Was ist denn bloß los mit uns?«

»Wir sind alle Menschen. Das Problem hat es schon immer gegeben. Kain hat Abel getötet. Seinen Bruder.«

»Aber was wird unser Volk jetzt tun? Es hat so lange gebraucht, Malcolm hervorzubringen.«

»Und es ist immer noch viel Zeit. Manche Leute sagen, die amerikanischen Schwarzen sind das Beste, worauf die Afrikaner hoffen können.«

Er sah mir meine Überraschung an.

»Und ich stimme dem teilweise zu. Ihr wurdet von eurem eigenen Volk verkauft und als Sklaven hierhergebracht. Die Sklaverei hat fast dreihundert Jahre gedauert, und zehn, zwanzig Jahre nach ihrer Abschaffung hattet ihr Schulen. Hochschulen. Fisk, Howard, Tuskegree. Und selbst heute, seht euch doch an, ihr seid überall in diesem Land. Ihr werdet schon zurechtkommen.« Er tätschelte mich und nahm mich in den Arm.

Wenn er lieb war, war er sehr, sehr lieb. Ach, ja. Aber wenn er böse war ...

Ich besuchte meine Freundin Nichelle Nicols, eine Schauspielerin. Wir hatten uns zehn Jahre zuvor bei den Filmaufnahmen zu *Porgy and Bess* kennengelernt. Sie war wunderschön, selbst wenn sie eine finstere Miene aufsetzte. »Süße, du musst ihm sagen, dass er jetzt in Amerika ist und dass wir hier an ›ein Mensch – eine Stimme‹ glauben. Bring ihn mal zum Abendessen mit. Ich weiß was, womit ich ihn ein bisschen ärgern kann.«

Es dauerte keine Viertelstunde, da war mir klar, dass dieses Abendessen bei Nichelle keine gute Idee gewesen war. Er sprach von Mutter Afrika und ihren Kindern überall in der Welt, und Nichelle war vollkommen hin und weg.

Als wir gingen, flüsterte sie mir zu: »Was bist du doch für ein Glückspilz.«

13

Durch die Augen meines Liebhabers betrachtet war Los Angeles bunter und vielfältiger, als mir bewusst gewesen war. Er betrachtete Watts als eine hochinteressante Angelegenheit. Er sah, wie viele Schwarze Familien versuchten, ihre hübschen Wohnviertel wieder aufzubauen, und sagte: »Die sind aber ganz schön pingelig.«

Sein Staunen erstaunte mich. Er erklärte: »Bis vor Kurzem waren die einzigen amerikanischen Schwarzen, die wir kannten, Rochester mit Jack Benny, Stepnfetchit und Sportler wie Joe Louis und Jackie Robinson. Ich war noch nicht da, aber nach allem, was ich weiß, ist Harlem ein einziges Dreckloch.«

»Harlem ist wunderschön.«

Bei jedem Gespräch mit ihm legte ich zur Verteidigung eine Rüstung an, ob ich sie nun brauchte oder nicht, und ganz gleich, ob meine Ansichten überhaupt verteidigt werden mussten.

»Natürlich gibt es ein paar unschöne Ecken«, räumte ich ein. »Aber die gibt es in Afrika auch.«

Wir gingen in von Schwarzen geführte Buchhandlungen, wo es nur Bücher von Schwarzen über Schwarze gab.

Er kaufte regalweise ein und bat mich, zu bezahlen. Das Geld war seins, aber er wollte immer, dass ich es an mich nahm, weil er mit Papiergeld ohne das Konterfei eines Schwarzen darauf nichts anfangen konnte.

Ich ging einem heftigen Streit aus dem Weg, indem ich ihn nicht daran erinnerte, dass das ghanaische Pfund mit Kwame Nkrumah darauf gerade mal zehn Jahre alt war.

Ich befand mich in einem Labyrinth, ich bewegte mich hindurch, ohne mein Ziel zu kennen oder zu wissen, wann ich es erreichen würde. Ich liebte ihn immer noch, wollte ihn immer noch, aber manche Bereiche seines Lebens konnte ich nicht einmal ansatzweise begreifen.

Manchmal, wenn ich ans Telefon ging, wollte eine Frauenstimme mit ihm sprechen. Sie rief aus New York an. Er erklärte: »Das ist eine sehr alte Schwarze Dame, die mir sehr geholfen hat, als ich bei den Vereinten Nationen war.«

Ihre Stimme klang nicht alt, und er lachte mit ihr am Telefon wie mit einem jungen Mädchen.

»Sie heißt Dolly McPherson und ist eine sehr mächtige alte Frau. Sie arbeitet am Institute of International Education.«

Unser letzter Streit entzündete sich völlig unerwartet an Doris Day und Rock Hudson. Wir hatten uns im Kino einen Film mit den beiden angesehen. Er sagte kein Wort, während ich uns nach Hause fuhr. Er sagte kein Wort, als wir ausstiegen und ins Haus gingen. Er schmollte. Ich wusste nicht, warum, und hatte ganz bestimmt nicht vor, zu fragen. Ich hasste die Schweigefolter, die er immer dann anwandte, wenn ihm irgendetwas nicht passte.

Ich ging direkt in die Küche und machte mich daran, das schon vorbereitete Essen aufzuwärmen. Als mein gutes Geschirr und das Essen auf meinem besten Tischtuch arrangiert waren, ging ich ins Wohnzimmer, wo er saß wie eine geschnitzte Figur der Yoruba.

»Essen ist fertig.«

Er sah zu mir auf, seine Augen schimmerten, sein Blick war unendlich finster.

»Warum können wir nicht so sein wie sie?«

»Wie wer?«

»Die beiden Schauspieler in dem Film.«

»Doris Day und Rock Hudson?«

»Ich weiß nicht, wie sie heißen, aber warum können wir nicht miteinander umgehen wie die beiden?«

»Ist das dein Ernst?«

»Meinst du, ich mache Scherze?«

»Das sind Schauspieler. Keine echten Menschen. Ich meine, die Rollen sind bloß Rollen. Das weißt du doch.«

Er hatte an einer der besten Universitäten Englands studiert und dort den höchsten akademischen Grad erworben. Er war einer der gebildetsten Menschen, die ich kannte. Und er hatte auf bockig geschaltet.

Bockigkeit ist ansteckend. Ich fragte: »Du möchtest, dass ich mich in eine kecke kleine Blondine verwandele? Ist es das, was du willst? Dann stehen die Chancen ziemlich schlecht.«

Er sagte: »Ihr Afroamerikaner. Ich weiß nie, ob ihr wirklich so blöd seid oder nur so tut.« Mitleidig sah er mich an.

Schimpfen war noch nie meine Stärke gewesen, aber es gelang mir, ein paar Kraftausdrücke zusammenzusammeln und damit um mich zu werfen. Je lauter ich wurde, desto finsterer sein Blick, desto lauter wurde ich.

Ich nahm meinen Autoschlüssel und meine Handtasche und ging in die Küche. Ich packte das Tischtusch bei seinen vier Ecken und ließ Essen, Teller, Besteck und Gläser durcheinanderpurzeln. Dann zerrte ich alles ins Wohnzimmer.

»Hier ist dein Abendessen, wenn du möchtest. Ich verschwinde.«

Ich schäumte vor Wut und Frust, bis ich bei Nichelle angekommen war.

»Du darfst natürlich jederzeit gerne bei mir unterkommen, Maya, aber du weißt, wie ich zu deiner Ehe stehe.«

Wir waren nicht verheiratet. In Ghana hatten wir vor ein paar Freunden in Eigenregie ein kleines Ritual durchgeführt. Es hatte keine öffentliche Zeremonie gegeben, keine Obrigkeit hatte unsere Verbindung abgesegnet, es gab keine Urkunde, mit der etwas bestätigt wurde. Wir hatten ein paar Sätze gesagt, uns dies und das versprochen und Schnaps verschüttet.

Ich rief bei meiner Mutter in San Francisco an, die mir erzählte, dass Bailey gerade zu Besuch sei. Ich sprach mit meinem Bruder und erzählte ihm von meinem Dilemma. Er hörte mir zu und sagte, er und Mutter würden am nächsten Tag nach Los Angeles kommen. Ich erklärte, ich würde die Nacht bei Nichelle verbringen, und gab ihnen ihre Telefonnummer und Adresse.

Am nächsten Morgen waren sie da, mit einem Mietwagen, und bei einer Tasse Kaffee setzte ich sie ins Bild. Ich erzählte davon, mit welcher Kälte der Afrikaner mich behandelt hatte, und wie mich das auf die Palme gebracht hat. Das verstanden sie beide. Von den Kraftausdrücken erzählte ich nichts. Mom sagte: »Gut, dann fahren wir jetzt mal hin und lernen den Mann kennen, der dich wieder mit nach Afrika nehmen will.«

Bailey saß am Steuer meines Autos. Er war mein Leben lang mein engster und liebster Freund gewesen. »Also, My, wie sieht es aus? Was willst du?«

»Ich will, dass er zurückgeht nach Afrika. Er bringt keinen Frieden mit sich, und ich habe das Gefühl, keinen Frieden zu bekommen, solange er da ist. Er soll hier verschwinden.«

Bailey sagte: »Gut, dann wird er verschwinden, und zwar noch heute. Irgendwohin.«

Mein Bruder war Schwarz und wunderschön. Er hatte meinen Namen ausgesucht, mich beschützt, mich erzogen und mir, als ich zwölf war, gesagt, ich sei schlau. Nicht so schlau wie er, schob er hinterher, aber schlauer als fast alle anderen. Er war maximal eins fünfundsechzig groß.

Der Afrikaner hatte geduscht und sich umgezogen, aber das schmutzige Tischtuch lag immer noch auf dem Boden.

Er gab Bailey die Hand und nahm meine Mutter in den Arm.

Mutter betrachtete die Bescherung auf dem Boden und drehte sich zu mir um.

»Das habe ich gestern Abend da abgestellt.«

»Aha.«

Ich nickte Bailey zu. Er half mir, das sauer riechende Bündel in die Küche zu schaffen. Mutter setzte sich, und als Bailey und ich den Raum verließen, hörte ich sie sagen: »Also, was ist da los zwischen Ihnen und meinem Baby?«

Bailey fragte mich: »Wo sind seine Sachen? Hat er genug Geld, um zu verschwinden?« Ich zeigte auf einen Schrank und sagte, der Afrikaner habe reichlich Geld. »Er hat gesagt, er hat extra viel mitgebracht, weil er mich mit zurück nach Afrika nehmen wollte.«

»Alter. Hat er gedacht, er müsste einen Brautpreis zahlen?«

Das war mein Bruder. Selbst in den unangenehmsten Lebenslagen schaffte er es, mich zum Lachen zu bringen.

»Er hat davon gesprochen, nach Mexico City zu gehen. Kwesi Brew ist der ghanaische Botschafter in Mexiko, und Kwesi und seine Frau Molly lieben ihn. Abgöttisch.«

»Nach allem, was ich bisher gesehen habe, braucht er genau diese Art von Liebe wohl. In rauen Mengen.«

Er sah mir dabei zu, wie ich den Schlamassel aufräumte. »Du bist wirklich die Tochter deiner Mutter. Der Mann hat keine Ahnung, wie froh er sein kann, dass du das Ganze nicht über ihm ausgeschüttet hast.«

Ich sagte, dass der Afrikaner mich dann mit Sicherheit geschlagen hätte.

Worauf Bailey prompt erwiderte: »Das macht er nur einmal. Beim nächsten Mal geht er einen Kopf kürzer da raus. Lass uns mal sehen, was deine Mutter macht.«

Meine Mutter saß klein und steif auf dem einen Sessel wie eine altbackene Lehrerin. Die Füße an den Fesseln gekreuzt. Handtasche und Handschuhe auf dem Schoß.

»Also, Baby, dieser Herr hier hat mir über dich Bericht erstattet. Er sagt, du bis gestern Abend ausfallend geworden.«

Aus dem Afrikaner platzte es hervor: »Sie hat Wörter in den Mund genommen, die ich nicht mal Schwarze Seemänner sagen höre, wenn sie in Tema in Ghana an Land gehen. Man sollte ihr den Mund auswaschen. Sie sollten das.«

Mutter sagte: »So etwas würde ich nie tun. Nie. Die Menschen sagen schlimme Wörter, weil ihr Wortschatz begrenzt ist oder weil sie faul oder zu frustriert sind, um nach den passenden Wörtern zu suchen. Meine Tochter hat geflucht, weil sie frustriert war. Warum warst du frustriert, Baby?«

Bailey ergriff das Wort, bevor ich etwas sagen konnte. »Entschuldige, Mom, aber ich würde gerne mit ihm sprechen.« Er wandte sich an den Afrikaner. »Würden Sie wohl mit mir eine Runde um den Block drehen?«

Der Afrikaner stimmte zu. Als sie beide schon auf der Treppe waren, steckte Bailey noch einmal den Kopf zur Tür herein:

»Pack schon mal seine Sachen.«

Mutter sah mir dabei zu, wie ich die prächtigen afrikanischen Gewänder sorgfältig in einen Schrankkoffer legte.

»Dein Bruder sagte, du hättest dich am Telefon gar nicht gut angehört. Darum sind wir hier.«

»Es ging mir auch nicht gut. Ich bestreite ja nicht, dass ich mich gefreut habe, ihn wiederzusehen, aber ich halte das nicht aus, wie rüde er mit mir umspringt.«

»Und in Afrika war er nicht rüde?« Es war erst zehn Uhr vormittags, aber sie schenkte sich einen Scotch ein. Schon vor Jahren hatte sie mir erklärt, der richtige Zeitpunkt zum Trinken sei dann, wenn man es selbst wolle und man sich den Alkohol selbst leisten könne.

»Da war es nicht so schlimm. Da drehte sich ja auch viel um sein Geschäft. Er hatte seine Kinder, und wir wohnten nicht zusammen. Aber hier hat er niemanden außer mir. Und da er niemanden in meiner Nähe haben will, bin ich zu seinem Prügelknaben geworden.«

Mutter schnalzte. »Und dafür haben wir dich ganz bestimmt nicht großgezogen. Aber es ist alles gut. Dein Bruder kümmert sich drum.«

Die beiden Männer kamen laut lachend zurück und klopften einander auf die Schulter.

»Du musst auch mal nach Afrika kommen, Bailey, und dir anschauen, wie wir leben, ja?«

»Aber klar. Ich schaffe es wahrscheinlich sogar noch vor Maya.« Er bemerkte meinen Koffer und fragte: »Oh, du hast gepackt?«

»Ja, das ist meiner. Ich fahre mit dir und Mum nach San Francisco.« Ich wollte meinem Liebhaber einen Gesichtsverlust ersparen. »Und für ihn habe ich auch gepackt.« Ich zeigte auf das Gepäck in der Ecke. »Er wollte zu ein paar Freunden nach Mexico City.«

Der Afrikaner sagte: »Genau da will ich hin, und zwar noch heute. Ich werde Kwesi Brew anrufen. Er holt mich ab.«

Ich bot an, Frühstück zu machen. Bailey schüttelte den Kopf. »Ich gehe mit ihm schick in Venice frühstücken. Du müsstest einen Flug für eine Person von Los Angeles nach Mexico City reservieren.« Bailey und Mutter gingen in die Küche, damit mein Liebster und ich unter uns sein konnten. Emotionsgeladen nahmen wir uns in den Arm.

»Du könntest mit mir mitkommen ...«

Ich vermisste ihn jetzt schon. »Jetzt nicht. Später. Aber wieso willst du so plötzlich aufbrechen?«

»Dein Bruder. Er hat von Mann zu Mann mit mir geredet. Offenbar habe ich etwas an mir, das dir gegen den Strich geht, und das könnte deine Entscheidung, zu mir und nach Afrika zurückzukehren, torpedieren oder zumindest erschweren. Darum folge ich seinem Vorschlag, dir etwas Raum zu geben. Er liebt dich sehr. Du hast großes Glück mit ihm. Aber er versteht mich, und das ist viel wichtiger. Er hat sich mehr afrikanischen Geist bewahrt als du oder deine Mutter.«

Ich hätte ihn am liebsten getreten. Er tat genau das, was mich dazu veranlasst hatte, ihn in Afrika zu verlassen. Er würdigte mit einer solchen Selbstverständlichkeit die Bedeutung anderer Menschen herab, dass er nicht einmal merkte, wie er mich damit erniedrigte.

»Du kannst nach Mexiko kommen, oder ich komme wieder hierher. Ich meine, um dich zurückzubringen.«

Bailey sagte, er würde anrufen wegen der Reservierung. Ich wünschte meinem Liebsten eine gute Reise und bat ihn, Kwesi und Molly Brew von mir zu grüßen.

Dann war er weg.

Bailey und Mutter fuhren am selben Tag wieder ab, nachdem sie mich dafür verspottet hatten, mich selbst in eine so dumme und missliche Lage zu bringen.

»Zeit für die Friedensstifter, weiterzuziehen. Und denk bloß nicht, dass du uns bei jedem kleinsten Problem rufen kannst.«

Ich hatte sie nicht gerufen. Oder vielleicht doch. Vielleicht hatte ich verzweifelt geklungen, höchstwahrscheinlich sogar, aber ich hatte sie nicht direkt gebeten, nach Los Angeles zu kommen, um mich zu retten. Ich war kein Kind, ich war eine Frau. Eff-err-a-u.

Nein, ich hatte sie nicht darum gebeten, aber ich war extrem froh, dass sie gekommen waren.

14

Trotz ganzer Quadratkilometer voller verwüsteter Häuserblocks und ausgebrannter Autowracks war Los Angeles wieder reichlich zufrieden mit sich selbst. In ein paar Vierteln brodelte es immer noch, aber die meiste Energie war verpulvert, so bald würde der Kessel nicht wieder überkochen.

Ich hatte mein Theaterstück fertig geschrieben und bat Frank Silvera um Rat. »Jetzt musst du einen Produzenten finden. Und der muss dann die Mittel, ein Theater, einen Regisseur und eine Besetzung finden.«

Ich sagte, er selbst sei aber doch anders vorgegangen, er habe das alles selbst gemacht.

Er rief mir in Erinnerung, dass er der Inhaber, Produzent und Regisseur des Tee Oh Bee war.

Eifrig suchte ich nach einem Produzenten, aber kaum einer war interessiert an einem neuen Stück einer unbekannten Autorin, die nicht nur eine Frau, sondern noch dazu Schwarz war. Nur wenige lasen überhaupt das Manuskript. So kurz nach dem Aufruhr von Watts dachten sie alle, das Stück würde sich primär um Rassenunruhen drehen.

Die Handlung von *All Day Long* war zugegebenermaßen etwas trivial, es ging um einen Tag im Leben eines armen dreizehnjährigen Schwarzen, der in den Norden der USA umgesiedelt wurde. Zu seinen zahlreichen Herausforderungen gehörte, den Zungenschlag der Nordstaatler zu verstehen und zu begreifen, wie in einem Sofa das größte Bett versteckt sein konnte, das er je gesehen hatte.

In meinem Stück staunte der Junge über Klospülungen (wo landete das alles?), über einen Kühlschrank, der ganz ohne Eisblock kalt blieb, und das Geschenk sauberen Wassers, das aus harten silbernen Rohren kam. Banale Dinge, aber ich erinnerte mich noch gut daran, wie sehr Bailey und ich staunten, als wir nach zehn Jahren im ländlichen Süden als Jugendliche nach Kalifornien zurückkehrten. In Arkansas hatten wir Wasser aus einem Brunnen geholt, und wenn wir warm baden wollten, mussten wir es auf einem Holzherd erhitzen. Wir schliefen auf Matratzen, die gestopft waren mit Federn von Hühnern, die wir aufgezogen, getötet und gegessen hatten, und als Toilette diente uns ein Schuppen in guter Entfernung vom Haus.

Für mich waren ein ausklappbares Sofa und eine Toilette in der Wohnung wahre Wunder der Modernität gewesen. Doch keines davon interessierte irgendjemanden genug, um *All Day Long* produzieren zu wollen.

Zurück in die Bücherei. Ich musste lernen, wie man produziert. Ich fand heraus, dass Produzieren vor allem hieß, Geld zu haben. Die meisten Leute, die ich kannte, hatten nur sehr wenig davon, und die paar, die wohlhabend waren, interessierten sich nicht für mein Stück.

Kwame Nkrumah, der Präsident von Ghana, wurde während eines Staatsbesuchs in Vietnam abgesetzt. Die Zeiten waren irgendwie verrenkt, selbst wenn ich nach Afrika hätte zurückkehren wollen, stünde Ghana nun nicht mehr zur Debatte. Ich war überzeugte Nkrumaistin.

Binnen zwei Jahren war Malcolm ermordet worden,

und die Feuersbrunst von Watts hatte zu zahlreichen Festgenommenen und hunderten Obdachlosen sowie vielen Verletzten geführt. Meine einst so wunderbare Liebesbeziehung war ein zweites Mal gescheitert, und jetzt befand sich auch noch ein Mensch, den ich unterstützte und bewunderte, im Exil. Ich wusste, dass die Menschen in Afrika sich ein Leben um ihr Land, ihre Familien und ihre Freunde herum aufbauten. Ich weinte um Kwame Nkrumah, um Ghana, um Afrika und ein bisschen auch um mich.

15

Ich spürte, dass meine Freundin Nichelle sich von mir zurückzog. Mir war klar, dass ich weichherzig und ein bisschen paranoid war, aber ich hatte das Gefühl, sie missbilligte, dass ich den Afrikaner weggeschickt hatte. Ich dachte, sie fände, ich hätte mich zu schnell gelöst von dem Mann, den sie für so begehrenswert für mich hielt. Er war angesehen und intelligent, reich und charismatisch. Einen Besseren würde ich womöglich nie wieder finden.

Meine Nachbarin Beah Richards und ich pflegten einen freundschaftlichen Umgang, wurden aber nie wirklich Freundinnen. Prof. M. J. Hewitt, eine sehr enge, gutaussehende, grünäugige Freundin von mir, hatte ihre große Liebe gefunden und war mit ihm nach Südamerika aufgebrochen.

Ich registrierte diese Zeichen und beschloss, es sei Zeit für mich, weiterzukommen.

Meine Überlegungen konzentrierten sich auf das Wohin. San Francisco lockte mich nicht, Hawaii hatte mir nichts zu bieten. Ich richtete den Blick auf New York.

Ich rief Bailey an, der von Hawaii nach San Francisco zurückgekehrt war. »Klar, zieh nach New York. Aber werd bloß nicht politisch.«

Mutter kam ans Telefon. »Mach das. Und vergiss nicht, dass du jederzeit nach Hause kommen kannst.«

Ein Brief aus New York von der alten Dame, die dem

Afrikaner so freundlich geholfen hatte, half mir bei der endgültigen Entscheidung, in den Osten zurückzukehren. Dolly McPherson schrieb:

Liebe Maya Angelou,
ich muss mich operieren lassen und dafür eine Weile im Krankenhaus bleiben. Bis ich wieder ganz gesund bin, wird sicher ein Monat vergehen, aber wenn Sie nach New York kommen möchten, helfe ich Ihnen gerne, hier Fuß zu fassen. Vielleicht könnte ich, falls nötig, Arbeit für Sie finden.
Unser afrikanischer Freund hat mir so viel von Ihnen erzählt, dass ich es kaum erwarten kann, Sie kennenzulernen. Wenn Sie mir Ihren Lebenslauf schicken, lese ich ihn mir gerne durch und überlege, wie ich Ihnen helfen könnte.

Herzlich
Dolly McPherson

Der Brief war so durch und durch freundlich, dass ich die Liebenswürdigkeit alter Schwarzer Frauen pries. Auf einmal freute ich mich darauf, sie kennenzulernen. Ich war überzeugt, sie würde mich mit in ihre Kirche nehmen. Und natürlich würde ich sie mit Freuden begleiten.

Ich hatte angefangen zu packen und überlegte, wem ich welche Sachen aus meinem Haushalt überlassen könnte, als Rosa Guy aus New York anrief. Rosa war meine Freundin aus der Harlem Writers Guild, und sie hatte ihr Buch *Bird at My Window* fertig geschrieben. Sie wollte auf Werbereise nach Kalifornien kommen. Ich sagte, wenn sie schon bald käme, würde ich eine Signierstunde organisieren und sie ein paar Buchhändlern vorstellen. Eine Woche später landete Rosa in Los Angeles, von einer New Yorker Aura so lässig umhüllt wie von ihrem vielgetragenen, ihr perfekt passenden Cape. Sie erzählte mir, was unsere New Yorker Freunde machten, und das Gespräch ließ mich immer mehr über die schwierige, anstrengende und glamouröseste Stadt der Welt nachdenken.

Ihr Roman über die dysfunktionale Beziehung zwischen einer Mutter und ihrem Sohn packte das Publikum und verkaufte sich gut in der von Schwarzen geführten Buchhandlung Aquarian. Rosa konnte mit einer kalifornischen Erfolgsgeschichte im Gepäck nach New York zurückkehren.

Rosa freute sich sehr, als ich ihr von meinen New-York-Plänen erzählte. »Auf jeden Fall, komm nach New York, du kannst bei mir wohnen. Ich habe uptown eine große Wohnung.«

Abbey Lincoln und Max Roach waren von der Columbus Avenue an die Central Park West gezogen. In ihrer Wohnung gab es ein Gästezimmer. Abbey bot es mir am Telefon an. Jetzt hatte ich zwei Adressen, an denen ich unterkommen konnte.

Paaren ist selten bewusst, wie sehr ihr Paarsein andere ausschließt, und selbst wenn es ihnen bewusst wäre, könnten sie nichts dagegen tun, ohne es allen anderen noch stärker vor Augen zu führen.

Rosa hatte stets zahlreiche hingebungsvolle und wohlerzogene männliche Freunde, aber seit ich sie kannte, war sie nie die eine Hälfte in einer »Wir zwei sind zusammen, und du, dritte Person, bist die meiste Zeit unsichtbar« schreienden Zweier-Konstellation gewesen.

Ich nahm Rosas Angebot an und packte weiter.

Alles, was man so sagt über die Launenhaftigkeit des Lebens und sorgfältig geschmiedete Pläne, ist wahr. Als ich gerade den Tag meiner Abreise festgelegt hatte, klingelte es an der Tür. Bailey stand davor, mit Grabesmiene.

»Baby, Guy ist vor drei Tagen nach San Francisco gekommen, und ich bin hier, um dich zu holen. Er ist im Krankenhaus. Sein Zustand ist ernst, aber nicht lebensbedrohlich. Nimm mit, was du brauchst.« Überraschungen, ganz gleich, ob guter oder böser Natur, führen oft zu heftigen körperlichen Reaktionen. Die einen fallen in Ohnmacht, die anderen jammern laut. Bailey fing mich auf, als die Knie unter mir nachgaben. Er half mir in die Wohnung und auf einen Stuhl.

Rosa fragte, was passiert sei.

»Guy saß in einem geparkten Auto, das von einem außer Kontrolle geratenen Laster erfasst wurde. Mutter wollte dich anrufen und dir sagen, du sollst nach San Francisco fliegen. Ich habe gesagt, nein, ich fahre hin und hole dich.« Er wandte sich an Rosa: »Wollen Sie mitkommen oder hier warten, bis Maya wiederkommt?«

Rosa sagte, sie habe bereits gepackt und könne genauso gut von San Francisco aus nach Hause fliegen wie von Los Angeles. Sie würde uns begleiten.

Binnen weniger Minuten marschierten wir zu Baileys Wagen. Er reichte mir die Schlüssel. »Du fährst.«

»Nein, du kennst mich doch. Ich schlafe am Steuer ein.«

»Ich bin die ganze Nacht durchgefahren. Nimm die

Schlüssel. Dein Bruder und deine gute Freundin sitzen mit dir im Auto und du willst zu deinem Sohn. Denk dran.«

Ich nahm die Schlüssel.

Meine Mitreisenden wachten kein einziges Mal auf, nicht einmal, wenn ich an einer Tankstelle hielt.

Sieben Stunden später hielt ich vor dem Haus meiner Mutter in San Francisco, und die beiden wachten wie aufs Kommando auf.

Mutter erwartete uns.

»Er ist stabil. Ich habe mit den Ärzten gesprochen.« Sie begleitete Rosa in ein Gästezimmer und lud sie ein, sich auszuruhen, wir seien bald wieder da. Mit Mutters großem Auto fuhren wir zum Krankenhaus.

Guy war aschfahl und sah im Krankenhausbett aus wie ein erwachsener Mann. Er war wach.

»Hallo, mein Sohn.«

»Hallo, Mom.«

Er versteifte sich, als ich ihn umarmte. »Ich kann mich kaum bewegen. Mein Hals. Ich habe mir wieder den Hals gebrochen.«

Auf einmal plagten mich Schuldgefühle. Ich hatte nicht in dem Unglückslaster gesessen. Ich war nicht einmal in der Stadt gewesen, als der Unfall passierte, und doch plagten mich Schuldgefühle.

Wenn mit dem Nachwuchs irgendwas schiefläuft, plagen die Eltern automatisch Schuldgefühle. Als hätte man etwas versäumt. Wenn ein Kind mit einer körperlichen Behinderung geboren wird, glaubt die Mutter, ihr Körper habe sich während der Entwicklung des Fötus an irgendeiner Stelle vor der Verantwortung gedrückt.

Ich stand da, betrachtete meinen Sohn und fragte mich, wo ich versagt hatte. Ich wusste, ich würde in seiner Nähe bleiben, bis er genesen war. Und ich wusste auch, dass es mir Kraft geben würde, bei Vivian Baxter zu sein.

Sie verfügte über einen reichen Schatz an erbaulichen Parolen. »Augen nach vorn, Hand an den Pflug, Finger in den Deich, Schulter ans Rad – und dann mit aller Kraft schieben.« Meine Mutter äußerte solche Sprüche, als kämen sie direkt von Gott, und es lag ganz beim Empfänger, ihre Bedeutung zu erfassen.

Rosa blieb ein paar Tage, dann flog sie von San Francisco nach New York.

Ich besuchte Guy täglich und konnte sehen, wie er sich langsam erholte. Ich behielt Recht, was meinen ersten Eindruck anging: Er war ein mir fremder Erwachsener, der mich an meinen Sohn erinnerte.

Er sagte, die University of Ghana habe ihm alles gegeben, was sie zu geben hatte. Nein, er bedaure nicht, Ghana verlassen zu haben, und neben so einigen Feinden, die er sich gemacht hatte, gab es auch Freundschaften, die sein Leben lang halten würden.

Sobald er wieder auf den Beinen wäre, würde er sich Arbeit suchen. Selbstverständlich. Seinen ersten Job hatte er als Dreizehnjähriger in einer Bäckerei in Brooklyn, da hat er Kisten gestapelt.

Nach der Entlassung aus dem Krankenhaus wollte er bei seiner Großmutter wohnen. Und sie stellte ihm ein ganzes Zimmer voller Aphorismen zur Verfügung. »Kümmere dich um deine eigenen Angelegenheiten. Die Angelegenheiten der anderen sind nicht deine Angelegenheiten.«

»Richte den Blick zu den Bergen, von welchen dir Hilfe kommt.« »Du bist der Durchschnitt der fünf Menschen, mit denen du die meiste Zeit verbringst.« »Lass deine linke Hand nicht wissen, was die rechte tut.« Und stets fügte sie hinzu: »Jeder ist seines Glückes Schmied.«

Ich verließ San Francisco, als Guy aufrecht sitzen konnte wie ein goldener Prinz und er von meiner Mutter in ihrem Haus bedient wurde wie ein König.

16

Los Angeles hinter mir zu lassen fiel mir schwerer, als ich erwartet hatte.

Menschen sind wie Pflanzen. Wenn wir auf unserer Reise ein paar Sekunden stehen bleiben, fangen wir sofort an, Wurzeln zu schlagen und Ranken zu bilden, mit denen wir andere Menschen umschlingen, wie wir uns selbst umschlingen lassen.

Don Martin und Jimmy Truitt von der Lester Horton Dance School waren besonders gut zu mir gewesen. Als ich bei ihnen Unterricht nahm, hatten sie stets darauf geachtet, dass ich, obwohl ich fünfzehn Jahre älter war als die anderen Tanzschüler, nicht zu unbeholfen erschien. Sie hatten einen ordentlichen Abschied verdient.

Ich stand in der Schuld der Leute vom Tee Oh Bee und in der von Seymour Lazar, einem Rechtsanwalt in Hollywood, der mich immer großzügig beraten und mir ein fast neues Auto geschenkt hatte, als meins keine einzige Meile mehr zurücklegen wollte.

M. J. Hewitt war von ihrer Südamerikareise zurück, kupferfarben und voller Geschichten, die ich unbedingt hören wollte. Von meiner Freundin Ketty Lester, Unterhaltungskünstlerin in einem Nachtclub, die sang, als hätte sie ein Windspiel im Mund, musste ich mich verabschieden.

Ich bat Frances, Nichelle und Beah um Hilfe, und gemeinsam schmissen wir eine Abschiedsparty für mich, die in meinem Apartment begann, sich auf Beahs Wohnung nebenan ausbreitete und schließlich auch den Garten vereinnahmte, wo man ständig in die klebrigen reifen Früchte des riesigen Feigenbaums trat.

Ich betrachtete Los Angeles mit neuen Augen und sah, wie viel Spaß ich dort gehabt hatte. Mir ging durch den Kopf, dass es vielleicht nicht die beste Idee aller Zeiten war, die Stadt in dem Moment zu verlassen, in dem ich gerade anfing, sie zu mögen. Dann erinnerte ich mich an eine weitere Lebensweisheit von Vivian Baxter: »Lass dir so viel Zeit, wie du brauchst, um eine Entscheidung zu treffen, aber wenn du sie getroffen hast, dann steh dazu wie zu etwas, das du wirklich willst.«

Seit ich die hässlichen rebellischen »Was kann die schon wissen, was ich nicht weiß?«-Jahre überlebt habe, halte ich mich bis ins letzte Detail an Mutters Ratschläge und muss sagen: Sie hatte immer Recht. Ich rief Guy an. »Kommst du zurecht?« Er schlug einen aufrichtig sanften Ton an: »Mom, hör auf, dir Sorgen zu machen. Ich bin dein Sohn und ich bin erwachsen.«

Ich kratzte das Geld zusammen, das ich gespart hatte, und stellte fest, es würde reichen, um damit nach New York zu kommen und mindestens zwei Monate davon zu leben. Bis dahin hatte ich sicher Arbeit gefunden.

17

Rosas Wohnung an der Upper West Side war luxuriös. Große Zimmer, hohe Decken – ich musste an die viktorianischen Häuser in San Francisco denken. Die Möbel waren bequem und die Küche außergewöhnlich, darin fanden sich die riesigen Töpfe und Pfannen einer passionierten Köchin, die außerdem mit Hingebung Partys veranstaltete.

Die Leute liebten Rosas Partys, weil es gutes Essen gab und weil Rosa jedem Gast bei seiner Ankunft das Gefühl gab, dass die Party erst jetzt losgehen könne.

Wir verständigten uns schnell darauf, dass ich mich an allen Kosten sowie am Kochen beteiligte, solange ich bei ihr wohnte, und dass ich mich schleunigst um eine eigene Wohnung kümmern würde.

Ich war noch nicht mal eine Woche in New York, als Rosa beschloss, eine Party zu geben. Ich fragte, ob ich Dolly McPherson einladen dürfte. Da sie eine ältere Dame war, wollte ich sie für halb acht einladen.

»Deine Freunde kommen ja nicht vor neun oder zehn. Wir können was trinken, und dann kann sie nach Hause gehen, so wird es für sie nicht so spät.«

Rosa sagte, sie sei einverstanden.

Afrikanische Freunde von den Vereinten Nationen sorgten stets dafür, dass Rosas Hausbar gut gefüllt war mit allem begehrten Hochprozentigen, aber den Wein kaufte sie stets selbst ein. Ich assistierte ihr beim Kochen, als es an der Tür klingelte.

Ich sagte: »Das muss Miss McPherson sein.«

Doch als ich die Tür öffnete, sah ich sofort, dass ich mich geirrt hatte. Eine junge, dunkelbraunhäutige Schönheit in einem limettengrünen Kleid stand vor mir.

Vielleicht hatte sich eine von Rosas Gästen in der Zeit vertan. »Guten Abend«, sagte ich.

»Ich bin mit Maya Angelou verabredet.«

»Ich bin Maya Angelou.«

»Das kann nicht sein. Ich meine, ich bin mit der älteren Miss Angelou verabredet, vielleicht mit Ihrer Mutter?«

»Ich bin die einzige Miss Angelou hier.«

Unverwandt sahen wir einander an.

»Sind Sie Miss McPherson?«

Sie nickte, dann fingen wir beide gleichzeitig an zu lachen.

Sie sagte: »Der alte Bock.«

Wir lachten immer noch, als wir uns ins Wohnzimmer setzten.

Sie fragte: »Was hat er Ihnen über mich erzählt?« Ich sagte, der Afrikaner habe behauptet, sie sei eine alte, aber ausgesprochen intelligente Frau, die ihm sehr geholfen habe.

»Damit hat er Recht. Er hat mich schwer umworben und so einige Nächte in meiner Wohnung verbracht.«

Dann war ich dran. »Der alte Bock. Und was hat er Ihnen über mich erzählt?«

»Dass Sie sehr alt seien und ein großes Haus hätten, in dem sie Zimmer vermieten. Er sagte, Sie seien eine dieser

Afroamerikanerinnen, die meinten, in Ghana eine Antwort gefunden zu haben, und dass Sie eine Schwäche für Afrikaner im Allgemeinen und für Ghanaer im Besonderen hätten.«

Ich hatte Lust, den Afrikaner mit einem expliziteren Wort als »Bock« zu betiteln, aber ich fand die Situation zu komisch, und Dolly auch. Jedes Mal, wenn sich unsere Blicke bei einem Drink oder später während der Party begegneten, mussten wir lachen und brachten kein Wort heraus. Wir waren beide intelligente Frauen, und wir waren beide auf denselben Mann hereingefallen. In mehr als nur einer Hinsicht.

18

Es half nichts. Ich musste dem Audubon Ballroom einen Besuch abstatten. Ich musste mir mit eigenen Augen ansehen, wo die entsetzliche Szene sich abgespielt hatte. Sonst würde ich nie zur Ruhe kommen.

Seit Jahrzehnten genossen der Tanzsaal und das Theater ein großes Renommee. Als ich in den Fünfzigern dort verkehrte, stellte ich mir oft vor, wie Langston Hughes, Anra Bontemps und Zora Neale Hurston zur Bigband-Musik von Jimmy Lunceford, Count Basie und Duke Ellington Charleston tanzten. Die Zeiten änderten sich, Orchestermusik, Bigbands und öffentliche Tanzveranstaltungen büßten an Beliebtheit ein. Als ich den Ballroom 1967 voller Wehmut aufsuchte, hatte New York City damit begonnen, das Audubon aufzugeben. Die ganze Einrichtung konnte sich nur noch durch die Vermietung ihrer Räumlichkeiten für Konferenzen und Versammlungen diverser Organisationen, Vereine und Ausschüsse über Wasser halten.

Am 21. Februar 1965 hatte die Organization of African-American Unity den Tanzsaal für eine Benefizveranstaltung gemietet. Malcolm X hatte eine Rede gehalten.

Langsam näherte ich mich dem Gebäude. Die Fenster waren verstaubt und die Türen verriegelt. Kaum versuchte ich, einen Blick in die gähnende Leere zu erhaschen, brachen auch schon mit aller Macht die Fragen über mich herein, die ich bislang erfolgreich verdrängt hatte.

Wenn ich nach meiner Rückkehr aus Ghana direkt in New York geblieben wäre, hätte ich dann hier bei Betty Shabazz und ihren Kindern gesessen?

Hätte ich Malcolm X' letzte Worte gehört?

Hätte ich das Peitschen der Schüsse gehört?

Hätte ich die Mörder gesehen und hätten sich mir ihre Gesichter für alle Zeiten ins Gedächtnis gebrannt?

Ich sah nichts, keinen Schatten. Keine Schimäre, die sich erhob und tanzte.

Ich ging.

19

Ich hatte früher mal in Jerry Purcells exklusivem Nobelnachtclub gesungen, und obwohl ich keine Lust hatte, wieder in einer Nachtbar zu arbeiten, rief ich ihn an. Er lud mich zum Abendessen ein. Wir waren gute Freunde gewesen, und ich dachte, er hätte vielleicht eine Idee, wo ich Arbeit finden könnte. Wir trafen uns in seinem italienischen Restaurant, dem Paparazzi.

Er war immer noch genauso groß wie damals, sah immer noch aus wie ein Filmstar und ging, als sei er unterhalb der Taille schwerer als oberhalb. Wir begrüßten einander wie alte Freunde. Ich erzählte ihm, dass ich bei einer Freundin wohnte und immer noch Gedichte schrieb, aber dass ich viel lieber Theaterstücke schreiben würde und mein Geld schneller zerrann, als ich erwartet hatte.

In dem Augenblick wuchsen Jerry Engelsflügel. Er sagte: »Ich bin unter die Manager gegangen, und das läuft ziemlich gut.«

Immer wieder stand er auf, um Gäste zu begrüßen und mit den Angestellten zu reden, aber er kehrte stets an meinen Tisch zurück und lächelte. Er war freundlicher und zugewandter, als ich ihn in Erinnerung hatte.

Nach dem Mittagessen verabschiedete ich mich von ihm, und er reichte mir einen Umschlag und sagte, darin befänden sich seine Büronummer und der Name seiner Privatsekretärin. Er sagte, ich solle mir eine eigene Wohnung suchen, und falls ich etwas bräuchte, solle ich einfach seine Sekretärin anrufen. »Komm mit deinen Freunden hierher. Jederzeit. Auf die Rechnung setzt du ein Trinkgeld und unterschreibst sie.«

Er bat einen der Kellner, mich nach draußen zu begleiten und mir ein Taxi heranzuwinken. Auf der Rückbank öffnete ich den Umschlag. Außer der Büronummer und dem Namen der Sekretärin befand sind darin eine größere Summe Bargeld.

Die nächsten zwei Jahre behandelte Purcell mich wie eine hoch geschätzte Mitarbeiterin. Ab und an jobbte ich in irgendwelchen Büros, und ich verdiente auch ein bisschen was mit dem Schreiben von Radiospots für Ruby Dee und Ossie Davis, aber davon abgesehen, war ich auf Jerrys Großzügigkeit angewiesen. Nicht ein einziges Mal wollte er irgendetwas von mir, ein schlichtes Danke war ihm genug. Ich schrieb eine auf dem Roman *Portnoys Beschwerden* basierende Ballade für einen Sänger, dessen Manager Jerry war. Und ich schrieb zwölf astrologische Inlet-Texte für eine Reihe von Langspielplatten, die er herausbringen wollte.

Als ich versuchte, Jerry zu erklären, dass seine Großzügigkeit es mir erlaubte, mein Schreiben zu verbessern, zuckte er die Achseln und sagte: »Ich manage Künstler, die an einem Abend mehr verdienen, als du je in einem Jahr verdient hast. Aber ich kenne niemanden, der mehr Talent hat als du.«

Seine Gönnerschaft war ein Geschenk und mir so willkommen wie zufällig gefundenes Geld ohne Hinweis auf seine Herkunft.

20

New York pulsierte vor Energie, und seine Bewohner waren flink unterwegs. Jeder bewegte sich stets sehr entschlossen irgendwohin. Keiner schien je sein Ziel in Frage zu stellen. Die Menschen in New York wussten, sie würden es erreichen, und dabei sollte ihnen besser niemand in die Quere kommen.

Um mit New Yorks Gezeiten mitzugehen, musste ich eine ganze Weile eintauchen in die vielen Geräusche, musste die vielen Leute beobachten, die sich nach Ost und West und Nord und Süd bewegten. Als ich das Gefühl hatte, im Gleichgewicht zu sein, wagte ich es, auf Wohnungssuche zu gehen.

Glück und Pech kreuzen sich im Leben nur selten. Trifft man jedoch auf eine solche Kreuzung, dann empfiehlt es sich, zu beten, und wenn das nicht hilft, dafür zu sorgen, dass man einen gültigen Pass und ausreichend Bargeld hat.

Die ersten Tage kam mir die Stadt vor wie eine Schlittschuhbahn, auf der ich Anfängerin mich auf ziemlich wackeligen Füßen bewegte. Jeden Tag zog ich los, um irgendwelchen Tipps nachzugehen und Zeitungsanzeigen abzuklappern.

Ich hatte mir eine Wohnung in einem Brownstone gewünscht, oder wenigstens ein großes Apartment in einem der älteren Häuser am Riverside Drive. Doch das Leben gab mir eine Zwei-Zimmer-Wohnung in einem Neubau an der Central Park West. Sie war komplett weiß gestrichen, und das Schönste an ihr war das langgezogene Wohnzimmer mit großen Fenstern und Blick auf den Park.

Mir kam die Wohnung so klinisch vor, so anders als das, was ich mir gewünscht hatte, dass ich dachte, ich hätte so richtig Pech gehabt und sei nun zumindest eine Zeitlang gezwungen, in einer kalten, sterilen Umgebung zu leben. Doch wie sich herausstellen sollte, hatte das Leben Recht und ich Unrecht. Meine Freunde schenkten mir viele schöne Sachen für die Wohnung.

Ich aß in einem Restaurant in Harlem zu Abend, als ein gutaussehender, bernsteinfarbener Mann sich mir vorstellte. So lernte ich den attraktiven Sam Floyd kennen, den die Aura eines dandyhaften Pedanten umgab und der über den Geist eines analytischen Wissenschaftlers verfügte. Er gehörte zu James Baldwins engsten Freunden, und nach ein paar Monaten war er auch mir ein enger Freund. Mit seinem sprühenden, niemals böswilligen Esprit heiterte er mich immer wieder auf, wenn ich einen Durchhänger hatte. Ich nahm ihn mit zu mir nach Hause. Er sagte: »Es heißt immer, die Menschen in New York seien kalt, aber das sind sie nur, wenn man sie davon abhält, Leuten zu helfen, die eigentlich gar keine Hilfe brauchen. Ich habe einen kleinen Teppich, den du haben kannst.« Wir lachten. Wir konnten uns gut leiden und trafen uns fortan mindestens einmal in der Woche.

Sam behielt nur teilweise Recht. Kaum hatte es sich herumgesprochen, dass ich in eine leere Wohnung eingezogen war, bekam ich von überall her gute und sogar wunderbare Möbel. Sylvia Boone, frisch aus Ghana zurückgekehrt, überließ mir einen Schreibtisch. Der Komponist Irving Burgee, der Calypsolieder für Harry Belafonte geschrieben hatte, war das finanziell erfolgreichste Mitglied der Harlem Writers Guild, und als er hörte, dass ich eine neue Wohnung hatte, schenkte er mir einen schmucken Tisch und einen Sessel.

21

Dolly McPherson und ich wurden gute Freundinnen. Natürlich erzählten wir niemandem, woher wir uns kannten. Das hätte auf die eine oder andere oder beide von uns ein schlechtes Licht werfen können, und vielleicht tat es das insgeheim auch. Aber es bestand kein Grund, Groll gegeneinander zu hegen. Dolly hatte nicht wissen können, dass der Mann, wenn er bei mir war, sich als mein Ehemann aufführte. Und ich hatte nicht wissen können, dass ich, wenn er nicht bei mir war, um vierzig Jahre alterte und mich in eine Schwarze, Zimmer vermietende Greisin verwandelte.

Dolly und mir gefiel aneinander, dass wir über Umstände lachen konnten, die wir nicht ändern konnten. Ich lernte ihre Familie kennen. Dollys jüngster Bruder Stephen erinnerte mich so sehr an Bailey, dass ich bei unserer ersten Begegnung kaum ein Wort herausbrachte.

Stephen war so groß wie mein Bruder und hatte dieselbe Hautfarbe, außerdem war er ein brillanter Wissenschaftler. Genau wie Bailey schaffte Stephen es, mich selbst in den unpassendsten Augenblicken mit den albernsten Witzen zum Lachen zu bringen.

Ich schrieb meiner Mutter: »Du hast mir keine Schwester geschenkt, aber ich habe jetzt selbst eine gefunden. Ich möchte, dass du so bald wie möglich nach New York kommst und sie kennenlernst.«

Dolly und ich fingen an, uns in Antiquitätenläden an der Upper West Side die Zeit zu vertreiben.

Bea Grimes war die einzige Schwarze Inhaberin eines Second-Hand-Ladens am Broadway. Sie gefiel mir, diese große Frau vom Land mit einem bunten Wortschatz und ihrem eigenen Geschäft. Sie fand, ich sei fast wie sie, mit dem Unterschied, dass ich gebildeter sei und so gut wie nichts besäße.

Sie, Dolly und ich saßen oft im muffigen Hinterzimmer ihres Ladens zusammen. Als ihr klar wurde, dass ich – im Gegensatz zu ihr – nicht mal den Unterschied zwischen Meissen und Mason kannte, erklärte sie mir im Dämmerlicht und nicht selten bei einem Drink in einem Pappbecher, worauf bei Keramik, Porzellan und Silber zu achten war.

»Was hast du an Silber?«

Ich antwortete, ich hätte kein Silber.

»Kein Silber? Kein Silber?«

»Meine Mutter hat Silber. Ich bin noch nicht mal vierzig. Ich bin noch zu jung dafür.«

Bea schnalzte mit der Zunge und schüttelte den Kopf. »Du hättest an deinem dreißigsten Geburtstag Silber kaufen sollen. Wenigstens einen Silberlöffel. Ohne Silber keine Lady.« Sie fragte: »Was steht auf deiner Anrichte?«

Ich zögerte.

Dolly sagte: »Sie hat keine Anrichte, Bea.«

»Liebes Kind, ich muss dringend mal bei dir vorbeischauen. Ich werde dich schon einrichten. Du brauchst Hilfe.«

Bea verkaufte mir einen Eames-Sessel für dreißig Dollar

und ein Empire-Sofa aus dem neunzehnten Jahrhundert für hundert.

Bea brauchte es, gebraucht zu werden, ja, sie genoss es. Sie saß in diesem Miasma von Dingen, die einst anderen Leuten gehört hatten, Leuten, denen diese Dinge immerhin so wichtig gewesen waren, dass sie sie aufhoben, denen sie vielleicht richtig viel bedeutet hatten. Jetzt standen diese Dinge da und waren den oft achtlosen Fingern von Kunden ausgesetzt, deren größtes Interesse darin bestand, mit der Ladeninhaberin zu feilschen, um ein Schnäppchen zu machen.

»Diese jungen weißen Leute verschleudern die Sachen von ihren Eltern und Großeltern. Willst du etwas sehen? Dann nehme ich dich mal mit zu einer Haushaltsauflösung. Die Erben führen sich auf, als sei es ihnen völlig egal, wie viel Geld sie bekommen. Hauptsache, sie werden den alten Krempel los. Da kommt man schon mal ins Grübeln übers Sterben, was?«

Dank Bea Grimes im Besonderen und einer Schar von Freunden im Allgemeinen gelang es mir, das klinisch wirkende Apartment üppig einzurichten. Zartlila Seidenvorhänge, ein Sofa mit violettem Wollbezug, ein neuer blassgrüner Karastanteppich von Stern's, ein ansehnlicher Plattenspieler und ich war bereit, mit meinem neuen Zuhause anzugeben.

Zu meiner ersten Party kamen die Mitglieder der Harlem Writers Guild, außerdem Sam Floyd, James Baldwin, Connie Sutton und ihr Mann Sam sowie die Künstlerin Joan Sandler. Jimmy brachte sogar seine ganze Familie mit.

Mit einem Mal befanden sich über fünfzig Personen in

meiner plötzlich sehr klein wirkenden Wohnung, und sie amüsierten sich auf New Yorker Art. James Baldwin, Julian Mayfield und Paule Marshall diskutierten die politische Verantwortung von Schriftstellern. John Killens, der Gründer des Harlem Writers Workshop, zitierte Alexander Puschkin. Ivan Dixon, der Filmschauspieler, der gerade aus Kalifornien zu Besuch war, und M. J. Hewitt waren auf dem Boden neben dem Klavier in ein Gespräch vertieft, während Patty Bone, die früher Billie Holiday begleitet hatte, ein Stück von Thelonious Monk spielte.

Sam Floyd und Helen Baldwin, Jimmys Schwägerin, halfen mir in der Küche. Ich hielt mich an einen der Ratschläge meiner Mutter: »Wenn mehr Gäste kommen als erwartet, gib einfach etwas mehr Wasser in die Suppe.« Sie glaubte fest daran, dass man seinen Gästen Cocktails vorenthalten konnte, aber keinesfalls ein Abendessen.

Die Partystimmung flaute irgendwann endlich ab, die Feiernden kamen zu sich. Es war reichlich gegessen und getrunken worden, und doch war noch etwas übrig für den nächsten Tag, und niemand begegnete dem Morgengrauen im Vollrausch.

22

Jimmy Baldwin war ein Wirbelwind, der alles und jeden aufscheuchte. Er lebte in einem atemberaubenden Tempo, und ich liebte es, mit ihm zu kreiseln. Eines Tages, nachdem wir den Nachmittag mit ein paar weißen Schriftstellern in einer Bar im Zentrum verbracht hatten, sagte er mir, er fände es richtig gut, wie trinkfest und meinungsstark ich sei. Es gefiel ihm, dass ich Edgar Allan Poe verteidigen und ernsthafte Fragen zu Willa Cather stellen konnte.

Wir stiegen an der Einundsiebzigsten Straße Ecke Columbus Avenue aus, aber ich wohnte an der Siebenundneunzigsten Ecke Central Park West. Ich sagte: »Ich dachte, du würdest mich nach Hause bringen.« Er sagte: »Tu ich ja auch. Zu mir nach Hause.«

Während er aufschloss, rief er bereits: »Momma, Paula, Gloria, Momma?«

»Hör auf, so zu brüllen, James. Ich bin ja hier.« Eine zierliche Frau mit extrem sanfter Stimme erschien. Sie lächelte. Und sie sah Jimmy verblüffend ähnlich. Er nahm sie in den Arm.

»Momma. Ich habe dir etwas mitgebracht, das du überhaupt nicht gebrauchen kannst. Noch eine Tochter. Das ist Maya.«

Berdis Baldwin hatte neun Kinder, und doch strahlte sie mich an, als habe sie sehnsüchtig auf das zehnte gewartet.

»Was für ein Goldstück du bist. Hast du Hunger? Mutter macht dir was zu essen.«

Jimmy sagte: »Ich mache uns einen Drink. Wir bleiben nicht lange.«

Mutter sagte: »Du bleibst nie lange. Nirgendwo.«

Die Liebe zwischen den beiden pochte förmlich in der Luft. Jimmy war ihr erstes Kind, und er und seine Geschwister umschlossen die gemeinsame Mutter in einer liebevollen familiären Umarmung.

Als wir wieder an der Tür waren, sagte ich: »Danke, Mrs. Baldwin.«

Sie fragte: »Hast du nicht gehört, was dein Bruder gesagt hat? Er hat dich mir mitgebracht. Ich bin deine Mutter Baldwin.«

»Ja, Mutter Baldwin, danke.« Ich musste mich fast bis auf die Hälfte meiner Körpergröße herunterbeugen, um sie auf die Wange zu küssen.

23

Mit großer Ausdauer und Beharrlichkeit suchte ich Arbeit. Gloria, Jimmy Baldwins Schwester, hatte mir erzählt, Andrea Bullard, Redakteurin bei der *Redbook*, habe gehört, beim *Saturday Review* würde eine Stelle frei werden und dass man sie mit einer Schwarzen besetzen wollte.

Ich bewarb mich um eine Stelle in der Redaktion. An einem Freitagnachmittag war ich zu einem Gespräch mit Chefredakteur Norman Cousins eingeladen, und er forderte mich auf, ihm bis Montagmittag fünf große Artikel aus internationalen Zeitschriften zusammenzufassen und vorzulegen.

Ich sagte zu, schäumte aber so sehr vor Wut, dass in Dollys Büro kaum genügend Platz für mich war.

»Ist doch klar, dass er mich nicht auf der Stelle haben will. Wenn es überhaupt eine Stelle gibt.«

»Aber du hattest doch ein Bewerbungsgespräch mit Cousins. Also muss da doch was dran sein.«

»Vielleicht war an mir was dran, das ihm nicht gefallen hat. Vielleicht war ich ihm zu groß oder zu farbig oder zu jung oder alt –«

Dolly unterbrach mich. »Und wenn das alles nichts zu sagen hat?«

»Dolly, wenn ein Arbeitgeber einer Bewerberin eine unmöglich zu schaffende Aufgabe stellt, dann tut er das, weil er sie nicht einstellen will, aber hinterher sagen möchte, dass er ihr eine Chance gegeben hat. ›Ich wollte ja gerne ... aber ich konnte einfach niemanden finden, der für den Job geeignet war.‹«

»Du kannst das schaffen, das weiß ich, und ich werde meinen Teil dazu beitragen. Du suchst dir fünf Zeitschriften aus, und ich bitte meine Sekretärin, dir übers Wochenende zu helfen. Die Chance dürfen wir uns nicht entgehen lassen.« Dolly fuhr fort: »Er wird dir schon ins Gesicht sagen müssen, dass er dich nicht will.« Sie wieselte durch ihr Büro und sammelte irgendwelche Papiere ein.

Dagegen konnte ich schlecht etwas sagen. Ich durfte niemals jemanden bitten, meine eigenen Kämpfe mit mehr Leidenschaft auszufechten als ich selbst. Also beschloss ich, die Zusammenfassungen zu schreiben.

»Internationale Zeitschriften?« Sie rief ihre Sekretärin. »Mrs. Ford, ich brauche fünf Zeitschriften. Miss Angelou muss etwas recherchieren und heute Abend und morgen schreiben. Und am Sonntag brauche ich Sie auch.«

Die Sekretärin stand mit düsterer Miene und wenig aufgeschlossen da.

»Intellektuelle Zeitschriften aus fünf verschiedenen Ländern. Danke.« Mrs. Ford ging und kehrte vollbeladen zurück. Sie gab mir *The Paris Review*, *The Bodleian*, *The Kenyan*, ein australisches und ein deutsches Magazin.

Ich verbrachte das Wochenende in einem Wust aus Nachschlagewerken und gelben Schreibblöcken. Ich saß mit *Roget's Thesaurus*, der King-James-Bibel und mehreren Wörterbüchern auf dem Fußboden.

Am Sonntag kam Mrs. Ford zu Dolly nach Hause und tippte meine handgeschriebenen Zusammenfassungen ab.

Dolly las sie und erklärte: »Das hier ist genauso gut oder sogar besser als alles, was die sonst in dem blöden Magazin abdrucken.«

Für Dollys Verhältnisse waren das deftige Worte.

Manche Leute achten sehr auf ihren Sprachgebrauch, wahrscheinlich sind sie so erzogen. Dolly und ich konnten uns allein in einer Wohnung aufhalten, und doch sprach Dolly das Wort »Mist« nie aus, sondern buchstabierte es.

Sie war immer noch wütend. Sie sagte: »Wenn der Typ die verdammten Nerven hat, dir für so viel Arbeit nur zwei Tage Zeit zu geben, dann hast du auch die verdammten Nerven, die Texte zu schreiben und sie ihm noch vor Montagmittag persönlich zu überreichen.«

Montagmorgen marschierte ich schneidig in die Räume des *Saturday Review*.

»Ich habe einen Termin bei Mr. Cousins.«

Die Empfangsdame sah kaum auf: »Er ist nicht da.«

»Aber ich sollte ihm ein paar Texte bringen. Darf ich sie seiner Sekretärin übergeben?«

»Die ist auch nicht da. Sie können sie einfach hierlassen.«

Sie sah mich kein einziges Mal richtig an, aber ich hatte das Gefühl, dass sie mich zumindest einmal eben doch angesehen und durch mich hindurchgeschaut hatte. Auf den ersten Blick war ich wohl eine ganz nett aussehende Enddreißigerin, gut gekleidet, sorgfältig frisiert und mit mehr als genug Selbstbewusstsein.

Doch die Empfangsdame wusste, dass ich nicht dazugehörte, im Gegensatz zu ihr. Für sie war ich bloß ein weiteres farbiges Mädchen am falschen Ort. Und fast hätte ich ihre

Haltung übernommen. Böse Falle. Ich legte die Papiere auf den Tisch und sah zu, schnellstmöglich zum Aufzug zu kommen.

24

Jimmy Baldwin war abends bei mir zu Besuch gewesen, und unser Gespräch hatte sich zu einem lautstarken Streit entwickelt. Es überraschte mich nicht, dass er am nächsten Tag anrief. »Hey, Baby, hast du viel zu tun?«

»Nicht allzu viel, warum?«

»Ich hol dich ab. Mit einem Taxi. Ich will mit dir reden.«

Im Taxi sprachen wir kein Wort. Unser Streit hatte sich um die Black Panther im Allgemeinen gedreht und um Eldridge Cleaver im Besonderen. Erstere fand ich gut, Letzteren hielt ich für einen gewalttätigen Opportunisten.

Jimmy hatte gesagt: »Du kannst Cleaver nicht von den Panthern trennen. Er ist ihr Vorsitzender.«

Ich hatte dagegengehalten, dass Huey Newton der Vorsitzende sei und Eldridge lediglich ein großmäuliger Infanterist.

Die Black Panther Party hatte sich in der afroamerikanischen Community Respekt verschafft. Sie hatte eine Schule gegründet, in der die Schüler kostenfrei Frühstück und professionelle Nachhilfe bekamen. Ihre Mitglieder verhielten sich Frauen gegenüber zuvorkommend und gingen sehr freundlich miteinander um. Selbst die Erzkonservativsten bewunderten insgeheim die schnittigen Panther-Uniformen mit den verwegenen Baretten dazu. Die Leute waren froh, sie durch die Straßen schreiten zu sehen wie siegreiche Helden, denen man zujubelte.

Doch Eldridge war aus anderem Holz geschnitzt. Er wirkte deutlich älter als die anderen. Wenn ich ihn im Fernsehen sah, machte er einen feindseligeren und härteren Eindruck auf mich als die anderen Panther. Sie waren wütend, aufgebracht und wild entschlossen, etwas gegen den fest verwurzelten Rassismus zu unternehmen, doch er war distanziert und kühl.

Jimmy hatte gesagt: »Warum redest du um den heißen Brei? Du magst Cleaver deshalb nicht, weil dir nicht passt, was er über mich gesagt hat.«

»Stimmt. Aber das ist nicht der einzige Grund.«

»Aha?« Er hatte gelächelt, und seine schmalen Hände flogen durch die Luft wie dunkle Vögel. Er kannte mich sehr gut. »Du kannst es nicht haben, wenn jemand deine Freunde beleidigt oder auch nur über sie redet.«

Ich hatte nicht geantwortet. Er hatte Recht, dachte ich, aber ich fand es gut, so zu sein.

Das Taxi hielt an der Vierundvierzigsten Straße Ecke Broadway. Ich fragte: »Wir gehen in ein Stundenhotel?«

Er zahlte den Fahrer. »Unappetitlich, ich weiß, aber früher war ich öfter hier, wenn ich nachdenken wollte.« Es freute mich, dass er mich dabeihaben wollte, während er nachdachte.

Es war früher Nachmittag, aber durch das Schummerlicht in der Bar und den Gestank nach Bier und Urin hatte ich das Gefühl, es sei Mitternacht und wir befänden uns in einer zwielichtigen Spelunke während der Prohibition.

Jimmy blieb nicht mehr Zeit als mir, sich an die Dunkelheit zu gewöhnen, aber er führte mich schnurstracks Richtung Tresen. Er schien sich hier gut auszukennen.

Er zog einen Hocker zurecht. »Du bestellst was zu trinken. Ich muss telefonieren.«

Ich bestellte zwei Scotch und dachte über die Eigenarten des Geistes nach. James Baldwin, dessen Schreiben das mächtigste Land der Welt herausforderte, der bereits mit dem Präsidenten zusammengesessen hatte und der Französisch sprach, als sei er auf den Straßen von Montmartre aufgewachsen, kam in diese schmutzige Kaschemme, um nachzudenken.

Ich war selbst tief in Gedanken versunken, als sich mir jemand zu sehr näherte.

»Hi. Ich bin Buck. Ich lad Sie auf einen Drink ein.«

Ich sah auf. Nur wenige Fingerbreit von mir entfernt stand ein Koloss von einem Mann.

Ich rückte ab und sagte: »Danke, aber ich bin in Begleitung.«

Er grunzte. »Ja, aber nicht in der von Ihrem Ehemann.«

»Ach, ja? Und wie kommen Sie zu diesem Schluss?« Ich zuckte kurz zusammen, nachdem ich das gefragt hatte, denn eigentlich wollte ich seine Antwort gar nicht hören. Sie könnte zu aufschlussreich sein.

Er streckte den Arm aus und wedelte mit einer schlaffen Hand. »Er ist einer von denen, Sie wissen schon.«

»Ich weiß, dass ich mit ihm hier bin. Sie setzen sich also besser wieder auf Ihren Platz, bevor er zurück ist.«

Jimmys Gang und Gestik hatten tatsächlich feminine Anmut, aber ich konnte die Anspielungen dieses Typen nicht so stehenlassen.

Buck redete immer noch auf mich ein, als Jimmy zurückkam. Meine Augen hatten sich an das Licht der Leuchtreklamen hinter der Bar gewöhnt. Jimmy sah den Mann, taxierte die Lage und ging elegant dazwischen.

Er sah zu dem Aufdringling hoch. »Sie haben für mich auf sie aufgepasst, stimmt's?«

Noch bevor Buck antworten konnte, sagte Jimmy: »Danke, elender Wichser. Sie können jetzt gehen.«

Die Schärfe, mit der Jimmy sprach, schockierte mich, mir klappte die Kinnlade herunter. Und sie klappte noch tiefer, als der Mann wortlos kehrtmachte und abdampfte.

Jimmy nippte an seinem Drink. »Also, Baby, ich mach mich auf den Weg nach Kalifornien. Ich habe beschlossen, Eldridge Cleaver zu helfen.«

Das verschlug mir die Sprache.

»Ich weiß, du kannst ihn nicht ausstehen, aber er ist ein Schwarzer Denker, und er steckt in Schwierigkeiten, weil er denkt und weil er über das, was er denkt, spricht. Er braucht unsere Hilfe.«

»Ich habe drüber nachgedacht, und was er in seinem blöden Buch über deine Homosexualität geschrieben hat, war einfach so vulgär, dass ich ihn lieber hängen würde, als ihm zu helfen.«

»*Seele auf Eis* ist ein sehr wichtiges Buch, und du darfst nie vergessen, dass es immer der Sohn ist, der den Vater tötet.«

Diese Aussage verblüffte mich. Ich dachte darüber nach, während Jimmy seine Gedanken sortierte.

»In Paris habe ich Richard Wright kennengelernt«, sagte er. »In meinem Essay ›Ach, armer Richard‹ habe ich alles zusammengefasst, was ich an ihm nicht mochte. Viele seiner Anhänger waren damals genauso sauer auf mich wie du jetzt wegen Eldridge.«

»Ich bin keine Anhängerin.« Das wollte ich schnellstmöglich klarstellen. »Ich liebe dich, ja, aber ich bin keine armselige Anhängerin. Ich bin eine aufmerksame Leserin, und ich kenne den Unterschied zwischen deiner kritischen Auseinandersetzung mit Wrigths Werk seit *Black Boy* und Cleavers Verriss von dir. Nicht von deinem Werk, sondern von dir, von deiner Person.«

»Vielleicht hatte er in meinem Werk nicht genug für einen Verriss gefunden. Manchmal greifen die Leute Homosexuelle an, weil sie glauben, wenn sie auf Schwule eindreschen, können sie etwas, das sie in sich selbst vermuten, unterdrücken. Es ist nicht leicht, anders zu sein.«

»Und du glaubst, mit diesem Wissen fällt es mir leichter, dir dabei zuzusehen, wie du nach Kalifornien gehst, um Cleaver zu helfen?«

»Baby, versteh das doch. Wenn ich sage, dass ich Eldridge helfen werde – und ich hoffe, dass es mir gelingen wird –, dann will ich in Wirklichkeit mir selbst helfen. Weil es für mich das Richtige ist, das zu tun. Verstehst du?«

Ich war zu eigensinnig, als dass ich schnell hätte einlenken und zugeben können, dass ich sehr wohl verstand und dass ich sogar hoffte, selbst genauso weise zu handeln, sollte ich mich einmal in derselben oder einer ähnlichen Situation befinden.

»Verstehst du?«

In dem Moment erinnerte er mich mehr denn je an Bailey. Zwei kleine Schwarze Männer, meine großen Brüder.

Ich sagte: »Ich habe Angst um dich, wenn du da draußen bei diesen Raufbolden bist.«

»Ich bin auch ein Raufbold. Werd erwachsen. Auf den Straßen von Harlem wird selbst ein Chorknabe zum Raufbold, wenn er Schwarz ist und so klein wie ich. Aber verstehst du, warum ich das tun muss?«

»Ja.«

25

Jerry Purcells Wohnung an der East Side war der Inbegriff von Eleganz. Ich war zum Abendessen eingeladen und brachte Rosa mit. Sie kam aus dem Staunen über den Luxus kaum heraus und flüsterte: »Und der ist Junggeselle?«

»Ja.«

Einige Jahre zuvor hatte Jerry sich in ein Filmsternchen verliebt und geheiratet, aber die Ehe war nicht von Dauer gewesen.

Jerrys Partner, Paul Robinson, der nie von seiner Seite wich, war großartige Gesellschaft und hätte Profi-Comedian sein können. Er erzählte urkomische Geschichten und imitierte dabei so perfekt die jeweiligen Akzente, dass er einfach unwiderstehlich war.

Ich freute mich, dass Jerry meine Freundin willkommen hieß, und es freute mich noch mehr, dass sie sich auf Anhieb gut zu verstehen schienen.

Jerry hatte Dinner anliefern lassen, seine Haushälterin servierte es uns im Esszimmer.

Rosa kam von der Toilette zurück. Sie flüsterte: »Die Wasserhähne sind aus Gold.«

»Wahrscheinlich eher vergoldet.«

Sie zuckte die Achseln. »Und?«

Ich verstand, was sie meinte. Wer reich genug war, um vergoldete Armaturen im Badezimmer zu haben, war wirklich *reich*.

Jerry hatte mich gebeten, ein paar Gedichte mitzubringen.

Ich las sie, ich bekam Komplimente dafür, dann spielten wir recht ausgelassen Backgammon. Jerry nickte mir zu. »Ich möchte mit dir reden.«

Ich folgte ihm in ein kleines Wohnzimmer.

»Du bist eine gute Dichterin, und aus dir könnte eine große Dichterin werden. Größer, als du dir vorstellen kannst. Verkauf dich bloß nicht unter Wert, wenn mir je zu Ohren kommen sollte, dass du dich unter Wert verkaufst ...«

»Was meinst du mit unter Wert verkaufen? An wen denn und was genau?«

»Ich meine, sei nicht blöd, halt dich von Drogen fern.«

Ich fiel aus allen Wolken. Dieser Abend voller Gelächter und Frotzeleien mutierte auf einmal zu einer Drogenberatung.

»Ich werde niemals irgendetwas von dem Zeug auch nur anrühren. Was das angeht, war mein Bruder mir eine schmerzhafte Lehre.«

»Okay. Ich musste das sagen. Ich habe nämlich etwas beschlossen. Ab sofort bekommst du eine monatliche Zuwendung von mir. Und du arbeitest weiter an deinem Stück und schreibst Gedichte.«

Er tätschelte mir den Rücken, dann kehrten wir zu den anderen zurück. Mir war die Entgeisterung anzusehen.

»Geht's dir gut?«, fragte Rosa.

Ich nickte. »Ich glaube, es ist Zeit, nach Hause zu gehen.«

Jerry wandte sich an Paul. »Paul, setzt du Maya zu Hause ab, wenn du gehst? Rosa bleibt noch ein bisschen. Ist das in Ordnung, Maya? Dass Paul dich nach Hause bringt?«

Ich sah zu Rosa, die zu Jerry sah und dann wieder zu mir. Sie sagte: »Ich schließe mich Maya an«, aber ich hörte ihr an, wie schwer ihr das fiel.

Ich konnte nicht schnell genug aus der Wohnung kommen.

Paul Robinson sagte an Rosa gerichtet: »Er hat sich in dich verliebt. Und du scheinst ihn auch ganz interessant zu finden.«

Rosa sagte: »Er ist ein netter Mann. Ich mag ihn.«

Ich fragte: »Aber woher willst du das wissen? Ihr habt doch kaum zwei Worte miteinander gewechselt.«

Rosa sagte: »Vielleicht täusche ich mich auch, aber ich glaube, ich mag ihn. Nein, ich weiß es.«

Im Mutterleib lernt man eine Sprache, für die man nie einen Dolmetscher braucht. Eine statische Aufladung, die zwischen den Menschen fließt. Die die relevante Information ohne Worte überträgt.

Die Botschaften sind: »Ich finde dich wahnsinnig attraktiv. Ich kann kaum die Finger von dir lassen.«

»Und ich will dich unbedingt anfassen, dich küssen, auf den Mund, auf die Augen.«

Das Paar kann sich in einer Kathedrale oder einem Tempel vorgestellt worden sein, aber das sind einige der lustvollen Gedanken, die die Körper einander senden.

Manche Menschen beherrschen diese Art der Kommunikation von Geburt an besser als andere. Mein Körper ist immer etwas schwer von Begriff gewesen, wenn es um diese Sprache ging. Weder spricht er sie fließend, noch versteht er sie problemlos.

26

Der Afrikaner war zurück. Er rief aus Ghana an.

»Dieses Mal komme ich nicht, um dich zu holen. Du hattest deine Chance. Viele Chancen. Jetzt bin ich überzeugt, dass du Afrika nicht liebst. Dass du Ghana nicht liebst. Ich komme nicht, um dich zu holen. Ich komme, um an einer eurer wichtigen Universitäten zu lehren. Aber ich werde dir etwas mitbringen. Du bist jetzt so amerikanisch. Würdest du dich über ein Auto freuen?«

Er sprach so laut, dass er kaum ein Telefon benötigte.

Ich fragte: »Warum solltest du aus Ghana ein Auto mitbringen? Ich lebe in New York. Gleich um die Ecke von Detroit. Da werden jede Menge Autos produziert.«

»Maya, deine Zunge ist zu scharf, das habe ich dir schon so oft gesagt. Hüte deine Zunge.«

Aber meine Zunge war alles, was ich je hatte. Er hatte die Statur, das Geld, sein Land, sein Geschlecht, und jetzt kam er in mein Land, um an einer »wichtigen Universität« zu lehren, an der ich nie gewesen war. Wenn es um Verteidigung ging, hatte er seine Rüstung, aber ich hatte auch eine Waffe.

»Ich werde beim zweiten Generalsekretär wohnen, in der Nähe der Vereinten Nationen, aber ich würde dich gern sehen. Nur für zwei Stunden. Und ich würde ein paar Leute einladen, die ich seit meinem letzten Besuch nicht gesehen habe.« (Ich bezweifelte, dass Dolly dazugehören würde.)

»Auf wie viele soll ich mich einstellen?«

»Nur ein paar. Vielleicht zehn.«

Also mindestens zwanzig.

»Ich würde mich sehr freuen, sie bei mir zu empfangen.«

»Abgemacht. Mein Gastgeber bringt mich zu dir, dann wären wir also zwölf. Hast du Platz für zwölf?«

»Selbstverständlich. Wann kommst du?« Ich dachte, er würde jetzt sagen, in den nächsten drei bis vier Wochen.

»Morgen geht es los. Ich bleibe einen Tag in Großbritannien und bin dann am Freitag in New York. Passt das?«

»Um, ja. Ja. Natürlich.« Zeit genug.

»So gegen drei?«

»Drei ist gut.«

Langsam breitete sich ein Lächeln auf meinem Gesicht aus. Freudig umarmte ich mich selbst und rief bei Dolly an.

Wir öffneten eine gute Flasche spanischen Sherrys und setzten uns in ihr Wohnzimmer.

Sie sagte: »Das hat er sich im Leben nicht vorgestellt, dass wir uns kennenlernen würden.«

»Er kommt mit ein paar Diplomaten. Wir müssen vorsichtig sein.«

»Ich weiß, dass du ihn nicht in Verlegenheit bringen möchtest.«

»Selbstverständlich möchte ich ihn in Verlegenheit bringen, aber nur vor sich selbst, nicht vor anderen.«

Dolly grinste.

Ich sagte: »Ich will ihn nicht komplett bloßstellen, aber ich brauche Revanche für ›Sie ist eine alte Schwarze Amerikanerin, die Zimmer vermietet ...‹«

»Und was ist mit ›Sie ist sehr, sehr alt, aber sehr intelligent‹, nachdem er mir ins Ohr geflüstert hat, dass ich wunderschön sei und die Haut eines jungen Mädchens vom Lande hätte?«

»Das hat er gesagt?«

»Mehr als einmal.«

»Wir müssen ihn in die Zange nehmen, und wenn es nur für eine Minute ist. Er soll schwitzen.«

Unter schallendem Gelächter und zufrieden quietschend schmiedeten wir unseren Plan, und die nächsten Tage zierte breites Grinsen unsere Gesichter.

Jimmy und Sam Floyd kamen auf einen Drink vorbei.

Jimmy fragte: »Was ist los? Du siehst aus wie die berühmte Katze, die den Kanarienvogel in ihren Schlund gelockt hat.«

»Ich kann nur so viel sagen: Der Kanarienvogel ist weder unschuldig noch wehrlos noch ohne Hoffnung. Und wenn überhaupt, dann bin ich die Hauskatze, die sich vorgenommen hat, den Löwen zu verschlingen.«

»Pass auf, Baby. Lerne von der Natur. Wie oft hast du gesehen oder davon gehört, dass ein Stubentiger sich in die Höhle des Löwen gewagt hat?«

»Noch nie, aber ich habe durchaus schon von einem Kätzchen gehört, das nach London ging, um die Königin zu sehen.«

Meine Antwort überraschte ihn, er lachte laut. »Okay. Okay. Trotzdem sage ich, sei vorsichtig, Baby, und lass mich wissen, wie es ausgegangen ist.«

Sam Floyd genoss unseren schlagfertigen Austausch. Er hustete sein jungenhaftes Lachen und zündete sich die nächste Gauloise an.

»Das war schnell und gut, aber ich bin ganz bei Jim. Sei vorsichtig. Eine große Katze lässt sich nicht so leicht verschlingen, aber sie kann sich verdammt schnell umdrehen. Dafür ist sie bekannt.«

Ich trug Dolly auf, ihren Wecker in die Handtasche zu stecken (eine Armbanduhr trug sie nicht), weil wir ihren Auftritt auf die Minute genau abpassen mussten. Getränke und Lebensmittel mussten eingekauft und das Essen vorbereitet werden.

In afrikanischen und den meisten afroamerikanischen Haushalten wird vom Gastgeber erwartet – und zwar von ihm selbst und von seinen Gästen –, dass er ihnen Essen und Getränke anbietet. Und sei es nur ein Stück Obst und ein Glas Wasser. Irgendetwas muss angeboten werden.

Als ich ihn in meiner Tür sah, musste ich mich am Pfosten anlehnen. Er sah so blendend aus wie immer und war so schwarz wie eh und je. Seine Haut glänzte, als sei sie frisch poliert, und seine Zähne waren so weiß wie Langkornreis.

Auch ihn ließ es nicht kalt, mich wiederzusehen, er schwankte ein paarmal vor und zurück, bevor er hereinkam.

Wir umarmten uns, beherrschten uns aber. Zu viele harte Worte lagen wie Panzer auf unseren Brustkörben, und sein Begleiter betrat dicht hinter ihm die Wohnung und wartete schweigend, während wir uns begrüßten.

Ich servierte Schnaps, und obwohl ich damit gerechnet hatte, zuckte ich zusammen, als der Afrikaner ein paar Tropfen davon auf meinen Karastanteppich kippte, für die Ahnen.

Wir sprachen über alte Freunde und neue Nöte. Er war

nicht in Guinea gewesen, wo Präsident Nkrumah sich im Exil befand. Er sagte, die Zeitungen und Radioberichte seien voller Lügen, Tratsch und Gerüchten. Es wurde behauptet, er unterstütze die Rebellen, die Präsident Nkrumah gestürzt hatten.

»Maya, du weißt selbst, dass das eine Lüge ist. Ich war während des Putsches mit Kwesi Brew in Mexiko. Abgesehen davon bin ich immer Nkrumaist gewesen. Sie haben mich einen Verandajungen genannt, damit meinen sie jemanden, der auf der Veranda über Unabhängigkeit geredet und dann dafür gearbeitet hat, die Kolonialen aus unserem Land zu werfen. Wir gehörten zu denen, die ihn an die Macht brachten.«

Ich konnte mir nicht vorstellen, wie irgendjemand ihn jemals einen Jungen nennen konnte, nicht einmal, als er zwölf war.

Es klingelte an der Tür, und binnen Minuten war mein Wohnzimmer proppenvoll mit Menschen in kostbaren Roben und farbenprächtigen Kaftanen. Unterschiedliche Sprachen schwirrten durch die Luft. Ich schenkte Drinks ein, und ich hatte einen Topf mit Chili und Reis vorbereitet, aber die Gästeschar war zufrieden mit dem Obst und dem Käse, beides bereitgestellt auf der Anrichte, gleich neben dem Silber.

Um genau fünf Minuten vor vier, als die Gesellschaft in das Gespräch mit dem Afrikaner vertieft war, schlich ich mich zur Wohnungstür und öffnete sie einen Spalt. Ich schnappte mir ein Glas Wein und setzte mich wieder zu den anderen.

Um eine Minute vor vier unterbrach ich den Afrikaner.

»Entschuldige bitte, aber mir und den anderen Frauen hier brennt eine Frage ganz besonders auf den Nägeln. Eine Frage, von der ich weiß, dass du sie beantworten kannst.«

Höflich wandte er sich mir zu.

»Könntest du etwas zum Thema Treue sagen? Ist der afrikanische Mann treuer als der europäische? Und wenn ja, warum?«

Er räusperte sich. »Ja, das ist eine typische Frauenfrage, aber sie verdient es natürlich dennoch, beantwortet zu werden.« Wenn ich nicht schon die süße Rache auf der Zungenspitze geschmeckt hätte, hätte ich ihm an dieser Stelle einen Tritt verpasst.

»Der afrikanische Mann ist treuer als der europäische, aber nicht, weil er seine Frau mehr liebt, als der europäische Mann seine Frau liebt, sondern weil er sich selbst mehr liebt, als der europäische Mann sich selbst liebt.«

Dolly kam zur Tür herein. Ein paar wenige Köpfe drehten sich nach ihr um.

»Vom afrikanischen Mann wird erwartet, dass er stets weiß, wo er ist. Wenn er am falschen Ort ist, dann weiß er das, und dann muss er gehen ...«

Dolly näherte sich seinem Stuhl und legte ihm die Hand auf die Schulter. »Hallo auch.«

Er drehte sich um und sah auf. Er brauchte eine Sekunde, um sie zu erkennen, und eine weitere, um sich zu erinnern, wo er war. Er sah mich an. Die erste Frage war, ob ich sie auch sehe? Die zweite, ob ich weiß, wer sie ist? Wirklich? Die dritte, wie sie hierhergekommen war?

Schüchtern sagte Dolly: »Willst du gar nicht aufstehen, um mich zu begrüßen?«

Er sprang von seinem Stuhl auf wie ein Mann, der halb so alt war wie er.

»Miss McPherson? Ja, natürlich, das ist Miss McPherson.«

Dolly sagte: »Du darfst gerne weiter Dolly sagen.«

»Natürlich, Dolly.« Ihr Erscheinen betäubte ihn, und doch war er in der Lage, fast ganz normal zu funktionieren. Er machte höfliche, sehr höfliche Konversation, bis er sich wieder gefangen hatte.

»Wo hast du bloß gesteckt? Du hast natürlich gehört, was in meinem Land passiert ist.«

Der Spaß war vorbei. Ich sah Dolly an, dass auch sie genug hatte.

Ich sagte: »Komm doch mal bitte mit in die Küche, Dolly.« Und an den Afrikaner gerichtet: »Setz du dich einfach wieder zu den Gästen, wir sind gleich zurück.«

In der Küche lachte Dolly und sagte: »Er wusste nicht, was er machen sollte.«

»Und mit wem.« Wir lachten beide.

Sie fragte: »Glaubst du, irgendjemand hat das durchschaut?«

»Bestimmt nicht. Du bist eine hübsche Frau, die einen attraktiven Mann begrüßt, den sie von früher kennt.« Ich fügte hinzu: »Kennen im biblischen Sinn.«

Sie lachte. »Meine Liebe. Du solltest dich was schämen.«

Wir hatten dem Afrikaner mindestens fünf unbehagliche Momente beschert, das hatte uns befriedigt, und niemand außer ihm hatte verstanden, worum es ging.

»Er kann von Glück reden, dass du nicht gemein veranlagt bist«, sagte Dolly.

»Ich glaube, ich kann von Glück reden, dass er dich gefunden hatte und nicht irgendeine leichte Lady in einer abgeranzten Bar.«

»Woher willst du wissen, dass er die nicht auch gefunden hat?«

»Meine Liebe. Du solltest dich was schämen.«

Als wir ins Wohnimmer zurückkamen, war der Afrikaner inzwischen fertig damit, seine Untertanen mit aktuellen Geschichten aus Afrika zu delektieren. Stehenderweise.

»Maya, ich muss los. Mein Gastgeber hat einen Termin, zu dem ich ihn begleiten werde. Morgen reise ich weiter nach Connecticut. Vielen Dank für diese kurze Atempause bei dir. Miss McPherson, oh, Dolly, Sie müssen mir unbedingt erzählen, wie Sie sich kennengelernt haben. Ich werde nach New York zurückkehren, wenn Miss Angelou mich einlädt.«

Er zeigte Richtung Schlafzimmer und sagte an mich gewandt: »Darf ich um eine Sekunde deiner Zeit bitten? Dort?«

Wir zogen uns zurück, ich schloss die Tür.

»Maya, du bist in Gefahr.«

»Was?«

»Du hast dich in New York in eine andere verwandelt. In eine Frau, die ich nicht kenne.«

»Was meinst du?«

»Habe ich in meinem Land jemals den Versuch unternommen, dich vor anderen lächerlich zu machen?«

»Nein, aber die meiste Zeit hast du mich behandelt wie eine strohdoofe Hofschranze.«

»Das mag ein Fehler gewesen sein, aber zumindest war

ich dabei ich selbst. Diese Inszenierung hier ist unter deiner Würde. Du hast versucht, mich herabzusetzen. Das ist unter der Würde der Maya, die ich kenne und immer noch liebe.«

Er drehte sich um und ging zurück ins Wohnzimmer, dabei sagte er laut genug, dass ich es hören konnte: »Blasse Hände liebte ich neben dem Shalimar.«

Ich hatte ihm mal gesagt, falls ich je so wütend auf ihn sein sollte, dass ich nichts mehr sagen könne, dann solle er diese Zeile aus einem Gedicht von Laurence Hope flüstern, und ich würde dahinschmelzen wie Wachs in seinen Händen.

Im Wohnzimmer sprach er die anderen auf Fanti an: »Lassen wir die Ladys allein und widmen wir uns unseren Angelegenheiten.«

Er drehte sich zu mir um und sagte auf Englisch: »Ich gehe jetzt, Maya, Gott segne dich.«

Ich sah ihm an, wie verletzt und verwirrt er war. Ich hatte ihn bloß piksen wollen, nicht aufspießen.

Ich antwortete mit dem Fanti-Abschiedsgruß »*Ko ne bra*«, was so viel heißt wie »Geh und komm wieder«, aber ich wusste, er würde nie wiederkommen.

Mein Blick wanderte zu Dolly, die genauso geknickt aussah, wie ich mich fühlte.

Ich sagte: »Tja, Schwester, war nicht einfach, den großen Kater zu verschlingen. Sieht aus, als sei er uns im Hals stecken geblieben.«

Und sie sagte: »Ja, ich weiß.«

27

Wir schreiben das Jahr 1968, Schauplatz: Carnegie Hall. Ossie Davis sollte den Abend moderieren, Pete Seeger sollte singen, James Baldwin sollte dem Publikum einheizen, und Martin Luther King jr. sollte den Abend beschließen. Mit dem Konzert sollte an den hundertsten Geburtstag von W. E. B. Du Bois erinnert werden. Der Historiker war fünf Jahre zuvor in Ghana gestorben.

Jimmy hatte für seine Familie und Freunde eine Loge reserviert, und so setzten Sam Floyd, Dolly und ich uns zu den Baldwins, dem Bariton Brock Peters und seiner Frau Deedee.

Der Anlass war ernst, aber die Menschen waren unbeschwert, wie sie so in der Lobby der Carnegie Hall glitzerten.

Als Ossie Davis in einem schmalen, ihn eng umspielenden Smoking die Bühne betrat, erwartete das Publikum ihn bereits sehnlich. Ossie strahlte große Anmut aus und erfreute die Gäste mit seinem feinen Humor. Dann beugte Pete Seeger, der bekannte Folk-Sänger, seinen langen, schlanken Körper über die Gitarre und sang:

»Where have all the flowers gone?
Long time passing …«

Das Publikum zeigte seine Wertschätzung, indem es um eine Zugabe bat.

James Baldwin flog auf die Bühne und redete schon, bevor er das Mikrofon erreichte. Die Menschen erwarteten seine maschinengewehrähnliche Ratttatttatt-Art zu sprechen. Nach jedem Satz gab es Rufe der Zustimmung. Er drosch auf das Land ein, das er liebte, erklärte, es könne doch alles so viel besser machen und müsse das auch endlich tun, denn sonst, das könne er prophezeien, komme nach der Flut das Feuer. Er sprach zu den und für die Menschen, als gehörten sie zu seiner Familie und würden ihn alle lieben. Seine Unbesonnenheit kitzelte sie, und seine Redegewandtheit streichelte sie.

Dann warteten alle ziemlich lange darauf, dass Ossie wiederkam. Wie auf ein Zeichen hielten wir alle gleichzeitig die Luft an.

Ossies Stimme war voller Freude und Respekt. Er sagte einfach nur: »Ladies und Gentlemen, Reverend Dr. Martin Luther King.«

Da war er, lächelte, nickte, winkte: ein durchschnittlich großer, durchschnittlich aussehender Durchschnittsschwarzer, auf dem die Träume von Millionen Menschen ruhten.

Er wartete, bis Ruhe eingekehrt war, dann erfüllte seine Stimme den gesamten Saal, unsere Ohren, unsere Herzen.

Er fing an, und seine Leidenschaft trieb sein Publikum in eine fast unerträgliche Anspannung. King war ein dramatischer Redner und lockte uns zurück ins neunzehnte Jahrhundert und in den Kopf eines jungen Schwarzen Mannes, der nur wenige Jahre nach der Abschaffung der Sklaverei geboren wurde und dessen außerordentliche Intelligenz und dessen Mut dazu führten, dass er 1895 als der erste Afroamerikaner überhaupt in Harvard einen Doktortitel erwarb.

So kundig, wie er von W.E.B. Du Bois sprach, hätte Martin King genauso gut einen Zeitgenossen beschreiben können oder einen Verwandten. Wir, die wir zuhörten, fühlten uns enorm verbunden, weil King uns zeigte, wie wir alle miteinander in Beziehung standen und dass wir von denselben Dämonen und Gottheiten durchdrungen waren. Er festigte unser Gefühl der Verbundenheit, indem er uns erzählte, Du Bois habe bei seinem Traum von einer gerechten und funktionierenden Zukunft uns alle eingeschlossen, ganz gleich, welcher Farbe, welchen Status, welchen Alters.

Die Melodie in Martin Kings Rede änderte sich kaum merkbar. Wer allerdings mit der Rhetorik Schwarzer Prediger vertraut war, wusste, dass er sich dem Ende näherte.

Mutter Baldwin streckte die Beine aus und suchte mit den Füßen nach ihren Schuhen. Brock erhob sich, Jimmy Baldwin und sein Bruder ebenfalls. Ich sah hinunter zum Parkett und musste an eine Schwarze Baptistenkirche an einem Sonntagmorgen denken, in der der Prediger den Gemeindemitgliedern die alte Geschichte auf neue Weise erzählt hat. Jedes Mal, wenn ich hinsah, waren mehr Leute aufgestanden, und als Reverend King schließlich sein letztes Wort sagte, hatte sich das gesamte Publikum erhoben.

Die spontane Reaktion war ungestüm und die Laune noch besser als zu Anfang des Abends. Martin Luther King jr. enttäuschte nie. Die Gäste hatten die Anmut von Ossie Davis genossen, die Musik von Pete Seeger, die Erregung von James Baldwin. Dann hatte Martin King ihn weit aufgespannt, seinen Regenbogen aus guten Wünschen für alle Menschen auf der ganzen Welt.

Zusammen mit den Baldwins und ihren Freunden hatte ich die Loge verlassen, und auf dem Weg den Flur hinunter tauchte Reverend King auf.

Alle machten ihm Komplimente. Und er schenkte Mutter Baldwin eine Umarmung und Lob für ihren Sohn.

»Du musst wahnsinnig stolz sein auf diesen Burschen, Mutter.«

Berdis Baldwin errötete, als befänden wir uns bei Jimmys Taufe und der Prediger hätte ihren Sohn gerade zum wunderbarsten Kind erklärt, das er je gesehen hatte.

Martin King sagte: »Und du, Maya. Ich wollte gerne mit dir sprechen. Was machst du so?«

Ich sagte, ich würde ein Theaterstück schreiben.

»Könntest du eine Pause einlegen und mir einen Monat deiner Zeit schenken? Der Marsch der armen Leute, den wir gerade vorbereiten, hat nichts mit Schwarz oder weiß zu tun. Es geht um alle Armen. Ich will, dass wir in Washington bleiben, bis ein Gesetz verabschiedet wird, mit dem die Armut in diesem reichen Land eingedämmt wird. Vielleicht müssen wir dafür Zeltstädte errichten, und wenn dem so ist, dann möchte ich das auch wirklich tun können.«

»Aber was kann ich …«

Es hatten sich noch mehr Leute zu uns gesellt.

»Ich brauche jemanden, der durch die USA reist und mit Schwarzen Predigern spricht. Ich möchte, dass jede große Kirche eine Sonntagskollekte für den Marsch der armen Leute spendet. Ich brauche dich, Maya. Nicht viele

Schwarze Prediger können einer gutaussehenden Frau mit einer guten Idee widerstehen.«

Mutter Baldwin sagte: »Ein wahres Wort.«

Martin fuhr fort: »Und wenn jemand mir meine Gewaltlosigkeit zum Vorwurf macht, kann ich jederzeit sagen ›Ach, ich weiß nicht. Ich habe doch Maya Angelou dabei.‹«

Jimmy sagte: »Ja. Natürlich macht sie das.«

Ich sah, oder glaubte zu sehen, wie Reverend King plante, den Wirkungsbereich und den Einfluss der Southern Christian Leadership Conference auszuweiten.

Er bat um einen einzigen Monat. Ich sagte: »Ja, aber erst nach meinem Geburtstag. Ich muss eine Party geben, um den hartnäckigen New Yorkern zu erklären, warum ich zur SCLC zurückgehe. Die halten mich nämlich für eine Aktivistin, und zwar für eine ziemlich radikale.«

»Was ich vorhabe, ist ziemlich radikal. Wann hast du Geburtstag?«

»Am vierten April.«

Wir nickten beide.

28

Guy war der erste Schwarze Auszubildende bei Western Airlines gewesen. Er erklärte, er werde den Job eine Zeitlang machen und dann nach Europa gehen. Seine achtzehn Monate in den USA waren vorbei. Er hatte einen gebrauchten Land Rover gekauft und machte sich auf den Weg nach London, um ihn abzuholen. Er hatte einen Tag eingeplant, um mich in New York zu besuchen.

Ich beschloss, eine Party zu schmeißen und alle Männer einzuladen, die mir zu Guys wildesten Teenagerzeiten mit Rat und/oder Warnungen zur Seite gestanden hatten. Ich war eine alleinstehende Frau gewesen, die in den Vereinigten Staaten einen Schwarzen Jungen großzog, und darum hatte ich eine ganze Horde von männlichen Freunden gebeten, mir Bescheid zu sagen, falls sie irgendwann den Eindruck hätten, ich würde Guy auf eine Weise behandeln, die ihn in seiner Selbstwahrnehmung stören könnte.

Nicht selten riefen sie mich an, nachdem wir etwas zusammen unternommen hatten: »Hey, Maya, Guy hat Schach gespielt, und du hast verlangt, dass er damit aufhört. Das kam nicht gut an.«

»Aber es war doch nur ein Spiel, und wir mussten los, wir hatten was vor.«

»Wenn ein Junge spielt, er sei ein Mann, dann ist es nie nur ein Spiel. Dann geht es um Männlichkeit. Die testet er ständig aus.«

Oder: »Du hast von Guy verlangt, dass er aufsteht und seinen Platz einer Frau überlässt. Das kam nicht gut an.«

»Bei der Frau schon. Ich bringe ihm bei, höflich zu sein.«

»Ja, aber du hast ihm keine Gelegenheit gegeben, von sich aus das Richtige zu tun. Du musst mehr auf ihn vertrauen, auf seine Erziehung.«

Ich hatte ihnen stets zugehört und viel gelernt, und obwohl die letzten drei, vier Jahre etwas schwierig gewesen waren, hatte Guy sich zu einem sehr netten jungen Mann entwickelt. Ich wollte vor allen meinen Freunden mit ihm angeben.

Auf dem Weg vom Supermarkt nach Hause traf ich Hercules, einen Freiheitskämpfer aus Rhodesien, den Guy und ich aus Kairo kannten.

In meinem Kopf drehte sich alles um Guys Besuch, darum dachte ich gar nicht mehr daran, dass Hercules in Kairo gerne Guys Kumpel sein wollte und versucht hatte, mich zu verführen, obwohl ich damals verheiratet war.

Hercules fragte, wie es mir ging und wie es Guy ging.

Ich erzählte ihm, Guy sei für einen Tag in New York, und dass ich abends eine Party für ihn geben würde. Ich gab Hercules meine Adresse und sagte, er sei auch eingeladen.

Als ich die Wohnung betrat, beugte Guy sich über eine riesige, auf dem Boden ausgebreitete Landkarte.

»Hier, Mom, da will ich hin.«

Er zeigte auf die Sahara.

Ich dachte, er wollte zurück nach Ghana, zu unseren Freunden.

»Nein, ich werde an einer Foto-Safari teilnehmen, von Mauretanien bis Marokko.«

Mein einziges Kind? Mein geliebter Sohn, mit dem ich jetzt so zufrieden war? Mir sank das Herz, aber ich schwieg. Die roten und grünen Linien auf der Karte bewegten sich.

»Ich habe alles mit ein paar Freunden durchgeplant. Wir treffen uns in Spanien, damit wir in Pamplona mit den Stieren rennen können, dann fahren wir auf der Straße hier ans Mittelmeer und nehmen die Fähre rüber nach Marokko.«

Er sah ganz kurz zu mir, als hätte er laut gedacht und sich eben erst erinnert, dass ich da bin.

»Du hast Angst, Mom.« Das war keine Frage, er hatte es mir angesehen.

»Stimmt.«

»Das verstehe ich, aber du brauchst keine Angst zu haben. Ich bin frei, und das habe ich dir zu verdanken.«

Ich wagte es nicht, Fragen zu stellen, und ich wagte es auch nicht, ihn noch einmal meine Angst sehen zu lassen. Ich bat ihn, mir beim Einräumen der Einkäufe und beim Kochen zur Hand zu gehen.

Wir fielen sofort in jenen Rhythmus, den wir entwickelt hatten, seit er zehn war, nur dass mein Sohn jetzt viel geschickter war als damals. Heute kullerten keine Zwiebeln über den Boden, mussten keine Finger gewaschen, geküsst und mit Pflaster verarztet werden.

Ich bewunderte diesen Mann, aber mir fehlte der Junge.

Die Party lief wunderbar, die Stimmung war gut. Freunde, die sich viel zu lange nicht gesehen hatten, feierten ihr Wiedersehen. Mir waren keine jungen Frauen eingefallen, die ich als Gesellschaft für Guy hätte einladen können, aber Dolly hatte eine Lehrerin mitgebracht, die gerade ihre erste

Stelle hatte. Guy kam in die Küche. »Mom.« Er war verstimmt. »Mom, Hercules ist hier.«

Seine Miene half meinem Gedächtnis auf die Sprünge. Natürlich. In Kairo war Hercules nach und nach von niemandem mehr eingeladen worden. Junge Töchter von Haushälterinnen hatten behauptet, von ihm vergewaltigt oder geschwängert worden zu sein, und nachdem er angefangen hatte zu trinken, war er auch immer häufiger ausfallend geworden.

Ich schüttelte den Kopf. »Das hatte ich völlig vergessen. Ich war in Gedanken so sehr bei dir, dass ich das schlicht vergessen habe.«

Er schüttelte leise den Kopf und bemitleidete seine schusselige alte Mutter. Ich war neununddreißig.

Ich lauschte dem Gespräch zwischen Jimmy Baldwin und Max Roach. Sie sprachen über Südafrika.

Hercules kam auf mich zu. »Schwester Maya, vielen Dank für die Einladung.«

Ich sagte kühl »Bitte«.

Er sagte: »Ich habe meine Freundin mitgebracht. Darf ich vorstellen?«

Er stellte mich einer neben ihm stehenden Frau vor. Ich gestehe, dass ich vor lauter Ärger über mich selbst und wegen der Erinnerung an Hercules' Verhalten in Ägypten nicht in der Lage war, den Gast besonders herzlich zu begrüßen. Ich sagte knapp guten Tag und gesellte mich dann zu ein paar anderen Leuten.

Ich versuchte, in die hitzige Debatte zwischen John Killens, Julian Mayfield und Rosa Guy einzusteigen, als Hercules' Frau mich am Ärmel zupfte.

»Stört es Sie, dass ich weiß bin?« Sie hätte mich nicht mehr verblüffen können, selbst wenn sie ihren Drink auf den Teppich ausgekippt hätte.

Ich sammelte mich. »Natürlich nicht. Sehen Sie sich um, da sind Sam und Connie Sutton und da Roger und Jean Genoud. Sie sind nicht weißer als die, und diese vier sind hier ganz zu Hause. Holen Sie sich doch bitte etwas zu trinken.«

Ich entfernte mich abermals in weniger lästige Gefilde und fiel in das laut schallende Gelächter ein.

Später stellten Dolly, Guy und ich das Essen auf dem Tisch und der Anrichte bereit. Ich stand mit Servierlöffeln in der Hand da und rief: »Hamham *est servi.*«

Sofort bildete sich eine dichte Schlange, dann, als sie wieder lichter wurde, stellten manche Leute sich ein zweites Mal an.

Ich sagte: »Bitte nicht ein zweites Mal anstellen, bevor nicht alle einmal an der Reihe waren.«

Hercules' Freundin, die sich gerade zum zweiten Mal angestellt hatte, sagte: »Das ist aber nicht sonderlich demokratisch. Wer zuerst kommt, mahlt zuerst. Sie können doch keinen Platz freihalten für jemanden, der nicht hier ist?«

Ich sagte: »Doch, kann ich. Ich bin hier nämlich die Hausherrin. Wären wir bei Ihnen, würde ich Ihnen natürlich nicht vorschreiben, wie es zu laufen hat.«

Hercules unterstützte seine Freundin: »Sie hat Recht. Das ist nicht besonders demokratisch.«

Meine Geduld mit ihnen und mit mir selbst bröckelte wie Melba-Toast. »Du willst mir etwas über Demokratie erzählen? Du, der du in Johannesburg einen Passierschein brauchst, um von einem Bezirk in einen anderen zu kommen?«

Sie sagte: »Ihr Schwarzen macht mich echt fertig. Ihr kapiert nicht, dass Englisch nicht seine Muttersprache ist.«

Ich hätte sie am liebsten schon bei »Ihr Schwarzen« rausgeschmissen, aber ich befüllte gerade einen Teller. Als ich fertig war, sagte ich an Hercules gerichtet: »Du bringst sie jetzt hier weg. Mag ja sein, dass andere Leute sich ihre Unverschämtheiten gefallen lassen, ich tue es aber nicht. Bei mir fliegt sie raus.«

Das Lachen verstummte, es wurde ganz still. Ich war nicht laut geworden, und doch wusste ich, dass alle mich gehört hatten.

Ich konnte kein einziges Wort zurücknehmen, und in dem Augenblick hasste ich mich selbst und diese Frau. Ich führte mich auf wie ein Tyrann, dabei verabscheute ich nichts mehr als Tyrannei.

»Raus.« Es war zu spät. »Raus.«

Was die Frau zum Abschied sagte, verletzte mich mehr, als sie sich jemals vorstellen konnte. »Alle denken, Sie wären so furchtbar nett. Die sollten mal sehen, wie Sie wirklich sind. Tyrannisch ist gar kein Ausdruck.«

Ich sagte nichts, und binnen weniger Minuten nahm der Geräuschpegel wieder zu und die Partystimmung war wieder hergestellt.

Guy ging relativ früh, um die Lehrerin nach Hause zu begleiten. Ein paar Freunde sagten: »Bewundernswert, wie du dich beherrscht hast. Die Frau war echt unverschämt.«

Andere kommentierten den Zwischenfall nicht. Als ich wieder ganz allein war, setzte ich mich hin und überlegte, wie ich anders mit dieser unguten Situation hätte umgehen können. Da mir keine Antwort einfiel, fing ich an, die Wohnung aufzuräumen. Ich leerte Aschenbecher und wusch Gläser ab. Ich brachte den Abfall zum Müllschacht. Stück für Stück putzte und wienerte ich meine Wohnung, bis sie funkelte.

Als ich fertig war, klingelte es an der Tür. Guy kam herein, blieb stehen und betrachtete die saubere Wohnung.

»Ich wollte rechtzeitig zurück sein, um dir zu helfen.«

»Ach, was, du siehst ja ...«

»Ich mache uns jetzt mal einen Drink, Mom.«

Ich setzte mich und wartete darauf, den Drink serviert zu bekommen.

Guy kam mit zwei vollen Gläsern ins Wohnzimmer. Er nahm das eine, prostete mir zu, ich nahm das andere, prostete ihm zu.

»Mom, solltest du jemals so mit einer Frau sprechen, die ich mit nach Hause bringe, wie du vorhin mit dieser Frau gesprochen hast, dann werde ich den Kontakt zu dir abbrechen.«

Ich betrachtete meinen Sohn, der so abgehoben dasaß wie ein hoher Richter auf seinem vornehmen Stuhl. Seine Worte allein fühlten sich an wie eine Ohrfeige, und seine Haltung unterstrich das Gesagte. Ich dachte daran, wie ich ihn auf meiner Hüfte durch die ganze Welt getragen hatte, wie wir uns Hotelzimmer geteilt hatten, in denen wir ein trennendes Laken aufhängten, um uns jeweils etwas Privatsphäre zu geben. Ich dachte daran, wie ich ihn erzogen hatte, und ich erkannte, dass er Recht hatte.

Ich sagte: »Natürlich, du hast vollkommen Recht. Man

muss einen Menschen, den man irgendwohin mitbringt, beschützen. Wenn dieser Mensch sich unter deinem Schutz befindet, musst du ihn verteidigen. Ich würde sterben, wenn du den Kontakt zu mir abbrichst. Aber eins lass dir gesagt sein: Wenn du jemanden mit nach Hause bringst, der so dämlich ist wie diese Frau, dann kann es durchaus passieren, dass ich so mit ihr rede, wie ich mit dieser Frau geredet habe. Und dann wäre deine nächste Aufgabe, den Kontakt zu mir abzubrechen.«

Er sah mich eine ganze Weile an, dann stand er auf und setzte sich neben mich aufs Sofa.

Er breitete seine langen Arme aus. »Ich liebe dich, Mom, du bist einfach der Knüller. Ich liebe dich sehr.«

29

John war mein Nachbar aus der Wohnung gegenüber, und wir hatten am selben Tag Geburtstag.

Vormittags stand ich in der Küche und kochte für meine Party. Er hatte vor, mit seiner Verlobten zu feiern, einem wunderschönen, rehähnlichen Mädchen, das nur halb so alt war wie er.

Als ich meine Töpfe ein paar Minuten allein lassen konnte, klopfte ich bei ihm an, um ein Glas Wein mit ihm zu trinken und damit wir uns gegenseitig gratulieren konnten.

Ich bejubelte seine bevorstehende Hochzeit, und er sprach mir seine Bewunderung dafür aus, dass ich einen auf einen Monat befristeten Job angenommen hatte, für den ich alle größeren amerikanischen Städte besuchen durfte. »Und Kirchen«, fügte ich immer hinzu.

Ich hatte meine Reisedetails nicht im Kopf, aber ich erzählte John, dass ich glaubte, ich würde zunächst nach Atlanta fliegen, um mich dort mit Reverend King und den Chefs der SCLC zu treffen.

Dolly gegenüber räumte ich ein, dass ich meine Bedenken gegen diese Reise hatte, dass ich überhaupt nicht einschätzen konnte, wie die Pfarrer der unterschiedlichen Kirchen meine und Reverend Kings Pläne aufnehmen würden. So viel hing davon ab, dass ich meine Sache gut machte.

Dolly sagte: »Wenn Reverend King meint, dass du das

kannst, dann glaube ich ihm das. Und ich glaube nicht, dass die ganze Sache allein von dir abhängt. Du bist ja nicht der einzige Fisch im Meer. Er hat noch ein paar andere. Abgesehen davon wirst du das mit Bravour erledigen.«

Eine Schwester versteht es, dir die bittere Wahrheit zu sagen, aber eine wahre Schwester macht das auf die sanfte Tour.

In meiner Wohnung roch es, als würde ich ein weihnachtliches Festmahl vorbereiten. Ich zog alle Register. Trug so richtig dick auf. Sämtliche Mitglieder der Harlem Writers Guild wollten kommen. Ich hatte Jerry Purcell und seinen Partner Paul Robinson eingeladen, dazu ein paar Stammgäste aus Terry's Pub, der Kneipe um die Ecke.

Es gab Texas-Chili ohne Bohnen, gebackenen Schinken und kandierte Süßkartoffeln, Reis und Erbsen für den westindischen Gaumen, Käsemakkaroni und einen gestürzten Ananaskuchen.

Ich sah mich in der Wohnung um und war stolz. Das Essen war fertig, die Eiskübel waren gefüllt, die Gläser funkelten und die Narzissen waren so kess, wie sie hießen.

Ich stutzte, als das Telefon klingelte.

»Maya?« Es war Dolly.

»Ja?«

»Hast du Radio gehört oder ferngesehen?«

Ich verneinte.

»Maya, bitte schalte weder das eine noch das andere ein. Und geh nicht ans Telefon. Versprich mir das.«

»Ich versprech's.«

»Ich bin unterwegs.«

Ich machte mir was zu trinken, setzte mich und überlegte, was wohl passiert sein könnte, das Dolly so in Aufruhr versetzte.

Dann stand sie vor meiner Tür, totenbleich.

Ich sagte: »Komm rein. So schlimm wird es schon nicht sein.«

Es war so schlimm. Und noch viel schlimmer.

Sie sagte: »Jemand hat auf Martin Luther King geschossen. Er ist tot, Maya.«

Manche Worte werden ausgesprochen, aber nicht gehört. Weil die Ohren sie nicht hereinlassen wollen, erscheinen sie vor den Augen. Ich sah die Buchstaben T O T. Wer war tot? Wer war jetzt tot? Nicht schon wieder Malcolm. Nicht schon wieder meine Großmutter. Nicht mein Lieblingsonkel Tommy. Nicht schon wieder.

Ich merkte gar nicht, dass ich das alles laut sagte, bis Dolly mich in den Arm nahm und fest an sich drückte.

»Martin King, Maya. Reverend King ist tot.«

»Hör auf, solchen Unsinn zu reden. Hör auf.« Als ich schließlich hörte, was sie sagte, kippte die Welt um. Wenn King tot war, wer lebte dann noch? Wohin würden wir gehen? Was kam als Nächstes? Plötzlich musste ich raus.

Ich nahm keine Tasche mit, keine Schlüssel, schaltete weder Herd noch Licht aus und sagte Dolly nicht, wohin ich wollte.

John schloss gerade seine Tür ab. Wir sahen einander an.

Er fragte: »Wo willst du hin?«

Ich sagte: »Harlem.«

Er sagte: »Ich auch.«

Wir gingen zu Fuß, und er sagte kein Wort. Ich blätterte

durch meine Gedanken wie durch ein Buch. In der Stille sprach ich mit mir selbst, nutzte die Zeit, um die Leere zu begreifen.

Jene große Seele, die Widrigkeiten witterte und sagte, das wird vergehen, war nun selbst vergangen.

Jene schmeichelnde Stimme, die aus Radios und Fernsehern geklungen hatte, über Altare und Kanzeln hinweg, aus Streikpostenketten und Märschen und durch Gitterstäbe hindurch, war verstummt. Mundtot.

Jenes starke Herz, das so mächtig geschlagen hatte wie eine Pauke, stand still. Zum Stillstand gebracht.

Geräusche jeder Wellenlänge und Art fluteten die 125. Straße. Den Schwingungen kruder Schreie folgten dumpfe Stöße wie von brunftigen Bisonbullen im Zweikampf. Ich kam nicht dahinter, was oder wer diese ganz besondere Dissonanz verursachte, aber das Klirren von zu Bruch gehendem Glas war unüberhörbar.

Als John ein paar Freunden begegnete und sie sich schluchzend in die Arme fielen, ging ich alleine weiter.

Zwischen dem Aufstand von Watts und diesem Tumult jetzt gab es deutliche Unterschiede. In Los Angeles hatte die Wut regiert. Die Menschen dort hatten aus einem aufgestauten Ärger über vergangene Kränkungen und historische Grausamkeiten heraus gehandelt. Am Abend des 4. April 1968 dagegen erhob sich ein Wehklagen, es hing bebend in der Luft, ebbte langsam wieder ab, bis es kaum noch zu hören war und sich das nächste Gejammer aufschwang.

Fremde Menschen blieben vor anderen fremden Menschen stehen und fragten: »Warum? Warum?«

»Wissen Sie es? Sie wissen es.«

Dann fielen sich Fremde in die Arme und weinten.

Im Schaufenster eines Elektrogeschäfts stand ein Fernseher, auf dem Videos vom Reden haltenden Martin King liefen. Kein Ton begleitete die Bilder, aber die Menschen standen dicht gedrängt vor der Scheibe und schwiegen und bemerkten gar nicht, wie der Aufruhr um sie herum zunahm. Ich stellte mich einen Moment dazu und hörte das Stöhnen hinter mir.

Rosa Guy trat aus der Menge hervor. Wir standen da und sahen einander an. Wir nahmen uns in den Arm, wortlos. Als wir uns voneinander lösten, gingen wir weiter getrennte Wege.

Ein Mann kam aus einem Gebäude, um den nackten Oberkörper hatte er sich eine Conga gebunden. Er watschelte auf mich zu, der Kopf der Trommel ragte unter seinem Arm hervor. Er ging an mir vorbei und sang nicht, nein, er rief unverständliches Zeug.

Ich betrat einen Diner, in dem Licht brannte, und setzte mich ganz ans Ende des Tresens. Außer mir war nur ein weiterer Gast da. Er saß so weit vornübergebeugt, dass sein Kopf auf der Theke lag.

Ich wartete ein paar Minuten auf eine Kellnerin, und als keine kam, rief ich: »Kann ich hier was bestellen?«

Der Mann hob den Kopf. »Wenn Sie bloß Kaffee wollen, können Sie sich den selber nehmen.«

Ich ging hinter den Tresen, nahm die Kaffeekanne und sah den Mann an. »Kann ich Ihnen helfen?«

»Nein, Baby, mir kann niemand helfen. Niemand kann irgendjemandem helfen. Das alles dreht sich nur um Malcolm.«

»Was?«

Ich hatte blanke Verzweiflung über Martin Luther Kings Tod erwartet. Und war erschüttert, Malcolms Namen zu hören.

»Malcolm?«

»Ja, den haben sie nicht weit von hier umgebracht, und wir haben nichts gemacht. So viele Menschen haben Malcolm geliebt, aber wir haben es nicht gezeigt, und jetzt sind sogar Leute da draußen, die nicht mit Reverend King einer Meinung waren, nur um zu zeigen, dass wir sehr wohl wissen, wie man jemanden in Ehren hält. Eine Hälfte von alldem gilt Malcolm X, eine Hälfte Martin King und eine Hälfte jeder Menge anderen Leuten.«

Nun legte auch ich den Kopf auf den Tresen, er war mir schwer geworden durch eine Erkenntnis.

Man lebt. Man liebt.

Man wirkt, und man stirbt.

Doch damit hatte es sich eben nicht. Nie.

30

Der Tod eines geliebten Menschen lässt alles flacher und öder erscheinen. Berge und Wolkenkratzer und großartige Ideen werden auf Augenhöhe gestutzt oder noch darunter. Große Liebe und tiefer Hass werfen nicht mehr so riesige Schatten und liegen nicht mehr so weit auseinander. Verbindungen lockern sich ein wenig, und wichtige Ereignisse verlieren etwas von ihrem Glanz.

Wo ich auch hinsah, wiederholte sich bereits Geschehenes. Das Foto von Coretta Scott King mit schwarzem Schleier und ihren Kindern erinnerte mich an das Bild von Jacqueline Kennedy mit ihren Kindern. Beide Frauen waren stets dem prüfenden, neugierigen und oft mitleidigen Blick der Welt ausgesetzt. Und doch standen sie beide da, als lebten sie und ihre Kinder und ihre Erinnerungen gemeinsam in einer unbegreiflichen Dimension.

Radio und Zeitungen brachten Martin Kings Namen immer wieder in Zusammenhang mit Malcolm X. Als ob das Leben und der Tod des einen das Leben und den Tod des anderen bestätigte.

Melancholie umschlang mich so eng, dass ich kaum laufen konnte und nicht reden wollte.

Ich ging zu Dolly. Ich wollte nicht, dass sie sich Sorgen machte.

»Ich ziehe mich für ein paar Wochen zurück.«

»Was soll das heißen?«

»Ich will allein sein. Niemanden sehen. Ich muss mein Gleichgewicht wiederfinden.«

Dolly sagte: »Verstehe. Aber ich bringe dir was zu essen. Und einmal am Tag musst du mit mir reden. Ist mir egal, was du sagst, du darfst nur nicht aufhören zu reden. Okay?«

Jerry Purcell schickte einen seiner Angestellten vorbei, der mehrfach laut an meine Tür klopfte. Als ich sie öffnete, reichte er mir ein in Alufolie gewickeltes Paket.

»Jerry sagt, Sie bekommen jeden zweiten Tag einen Teller Essen. Wenn Sie nicht da sind, stelle ich ihn vor der Tür ab.«

Jimmy Baldwin löste mich aus meiner Verzweiflung. »Du musst hier raus. Zieh dich an. Ich bringe dich wohin.«

Genau das hatte Bailey gesagt und getan, als Malcolm ermordet wurde.

»Zieh dir was an, in dem du dich schön fühlst.« Ich musste an diese alte Redensart denken, die zu den Lieblingssprüchen meiner Großmutter in Arkansas gehörte. »Wer Trübsal bläst, passt in keine hübschen Klamotten.«

Jimmy sagte: »Ein paar Freunde haben mich zum Abendessen eingeladen, sie werden dir gefallen. Sie sind lustig, und du musst dringend mal wieder lachen.« Wir standen bereits vor dem Gebäude, als Jimmy sagte: »So, hier wohnt Jules Feiffer.«

Judy öffnete die Tür und begrüßte uns. Ich hatte mir zwar noch kein konkretes Bild von den Feiffers gemacht, aber Judys Schönheit traf mich trotzdem unerwartet. Sie hätte Filmschauspielerin sein können. Auch Jules überraschte mich. Er sah mehr aus wie ein junger, konzentrierter Hochschuldozent als wie einer der lustigsten, bissigsten Cartoonisten des Landes.

Beide nahmen Jimmy in den Arm, und alle drei lachten laut, als hätten sie letztes Mal, als sie sich voneinander verabschiedeten, eine enorm komische Geschichte gehört und keine Zeit gehabt, ihr Gelächter gemeinsam zu beenden.

Die hübsche zehnjährige Tochter der Feiffers gesellte sich zu uns ins Wohnzimmer. Als Jimmy sie in den Arm nahm und sich nach der Schule erkundigte, antwortete sie ungezwungen und sicher und wirkte dabei so souverän wie eine Zwanzigjährige.

Wir Erwachsenen leerten unsere Drinks und gingen ins Esszimmer. Während des köstlichen Abendessens erzählten und hörten wir tolle Geschichten. Jimmy sprach davon, wie er als Vierzehnjähriger in Harlem als Prediger unterwegs gewesen war. Seither hatte er wohl einiges von seinem evangelikalen Habitus eingebüßt, aber an jenem Abend kehrte das mit Macht zurück. Er predigte ein wenig und sang mit bemerkenswert schöner Stimme. Seine Geschichte war lustig und berührend. Wenn wir lachten, lachten wir stets mit ihm und mit den Menschen, von denen er sprach, nie über sie.

Jules erzählte vom Studium und seinen Kommilitonen. Er tat das mit so unfassbar trockenem Humor, dass wir jedes Mal, wenn wir lachten, fürchteten, Staub einzuatmen.

Judy sorgte dafür, dass die Gläser nie leer wurden, und ergänzte eine passende Bemerkung, wo es nötig war. Sie sagte: »Mir ist nie etwas Lustiges passiert, bis ich Jules kennenlernte.«

Als ich an der Reihe war, musste ich wieder an ein Sprichwort denken: »Man muss um sein Recht kämpfen, seine Sache gut zu machen.« Ich erzählte von Stamps in Arkansas. Obwohl Rassendiskriminierung alles andere als lustig ist, bringen die Unterdrückten es fertig, Witze darüber zu machen.

»Da, wo ich herkomme, da sind die Weißen so krass drauf, da dürfen Farbige nicht mal Vanilleeis essen.

Und als ein Weißer hörte, wie ein Schwarzer ›My Blue Heaven‹ mit der Zeile ›Molly and me, and the baby makes three‹ sang, hat er den Ku-Klux-Klan gerufen. Die haben dem Missetäter einen Besuch abgestattet und ihm erklärt, die Molly im Liedtext sei eine weiße Frau, und sie wollten doch gerne einmal hören, wie er das Lied jetzt singen würde, da er das wusste.«

Ich sang, was der Schwarze angeblich sang:

»Miss Molly and y'all
I ain't in that stuff at all
Y'alls happy in y'alls
Blue Heaven.«

Wir führten praktisch keine ernsten Gespräche. Die Zeiten waren so düster und die täglichen Nachrichten so trist, dass wir die Gelegenheit, ein bisschen fröhlich zu sein, gierig ergriffen, und alle anderen großzügig daran teilhaben ließen.

Es war ein wunderbarer Abend. Erst, als ich wieder auf der Straße stand, fiel mir auf, wie sehr ich mich bei den Feiffers entspannt hatte. Ich sagte Jimmy, wie froh ich sei, wieder gelacht zu haben.

Jimmy sagte: »Wir haben die Sklaverei überlebt. Überleg mal. Nicht, weil wir besonders stark waren. Die Ureinwohner waren stark, und sie befanden sich in ihrem eigenen Land. Trotzdem haben sie den Völkermord nicht überlebt. Weißt du, warum wir überlebt haben?«

Ich schwieg.

»Wir haben das Überleben in unsere Gedichte und in unsere Lieder gepackt. In unsere Volkserzählungen. Wir haben unser Überleben auf dem Congo Square in New Orleans getanzt und es zusammen mit Pintobohnen gekocht. Wir haben das Überleben mit uns herumgetragen, wann immer wir uns in den Farben des Regenbogens kleideten. Wir wurden so weit hinabgezwungen, dass wir kaum noch aus dem Dreck schauen konnten, und darum wussten wir: Wenn wir überleben wollten, dann mussten wir die eigene Stimmung heben. Und darum haben wir immer bei der kleinsten Gelegenheit gelacht.

Also. Wie ist die Stimmung bei dir?«

Ich sagte: »Prima. Danke.«

31

Sie kamen aus North Carolina und sahen auch so aus. Jon trug einen grob gestrickten braunen Pullover mit Lederflicken an den Ellbogen und braune Hosen. Verna, eine zierliche, adrette Frau, steckte sehr behaglich in einem hellen Chanel-Kostüm, und Steve trug schwarze Freizeithosen und einen schwarzen Pullover mit V-Ausschnitt, den ein weißer Rollkragen ausfüllte.

Sie hatten meine Adresse von Enrico Banducci, dem Eigentümer des Hungry I in San Francisco. Enrico und ich mochten uns, darum haben wir über Ozeane und Kontinente hinweg den Kontakt gehalten.

»Ms. Angelou, wir wissen, dass Sie schreiben, und wie wir hören, tun Sie das sehr gut.«

»Ja.«

»Haben Sie schon etwas veröffentlicht?«

Ich hielt es für klug, nicht zu erwähnen, dass eine meiner Kurzgeschichten in Kubas größter Zeitschrift *Revolución* abgedruckt wurde.

Ich sagte: »Ah.« Dann fügte ich hinzu: »Ich habe mehrere kurze Essays geschrieben, die Ruby Dee und Ossie Davies im Rundfunk vorgelesen haben.«

»Die würden wir uns gerne mal ansehen.«

»Ja, die würden uns schon viel über Ihren Stil verraten.«

»Als ich hörte, dass Sie nach einer Autorin suchen, habe ich ein paar davon in meinen Aktenkoffer gepackt.« Den

Aktenkoffer hatte ich mir von Sam Floyd geliehen. »Sagen Sie mir doch bitte, was für eine Art von Autorin Sie suchen.«

Jon lehnte sich zurück und sagte: »Wir meinen, es ist höchste Zeit für unseren Sender, Beiträge zur afroamerikanischen Kultur und Geschichte zu bringen. Wir haben gehört, dass Sie in Afrika gelebt haben, darum könnten Sie genau die Richtige für unser Vorhaben sein.«

Steve sagte: »Wir brauchen jemanden mit Insider-Wissen.«

Na, davon hatte ich jedenfalls genug.

»Im Moment schreibe ich ein Theaterstück, aber ich habe auch schon ein paar Ideen für eine Dokumentation.«

»Wäre das Thema afroamerikanische Kultur denn von Interesse für Sie?«, fragte Steve.

»Selbstverständlich!«

Steve zuckte. Ich hatte nicht so scharf antworten wollen, aber die Frage war so dumm, dass sie mich echt überraschte.

»Selbstverständlich«, wiederholte ich etwas sanfter. »In Ghana ist mir bewusst geworden, wie viel von dem, was ich für afroamerikanische Kultur hielt, seinen Ursprung in Afrika hat. Das hätte ich mir natürlich denken können, hatte ich aber nicht.«

Jon fragte: »Meinen Sie denn, dass Sie genügend Material haben?«

»Wie lang soll die Sendung denn werden?«

»Nein, nein«, sagte Verna. »Nicht nur eine Sendung. Wir wollen eine Serie machen. Zehn Folgen à eine Stunde. Ginge das?«

»Natürlich. Klar. Das hatte ich missverstanden. Zehn einstündige Folgen?« Ich fragte mich, ob es auf der Welt so viel Material gab. »Ja. Das ginge.«

»Wir werden uns noch mit ein paar anderen Autoren treffen. Wer ist denn Ihr Agent?«

Würden sie mich überhaupt ernsthaft in Betracht ziehen, wenn ich ihnen jetzt sagte, dass ich keinen Agenten habe?

»Ich habe einen Manager. Der auch mein Agent ist.« Einen Manager zu haben gab mir vielleicht die Aura einer wichtigen Autorin.

Ich notierte Jerry Purcells Telefonnummer. »Heute ist er unterwegs, aber morgen erreichen Sie ihn bestimmt.«

Ich musste Zeit schinden, um mich mit Jerry in Verbindung zu setzen, ehe sie es taten. Ich musste ihm erklären, dass er mein Manager war.

Über eine Stunde redeten wir über San Francisco und den Broadway und öffentliche Sendeanstalten im Allgemeinen und ihren Sender KQED im Besonderen sowie über die Vereinigten Staaten und Afrika. Solche Gespräche liebte ich: umherstreifend, abschweifend, mäandernd von einem Thema zum anderen.

Ihr Humor gefiel mir. Ich vergaß, wo ich war und warum ich da war. Als sie sich erhoben, fiel es mir wieder ein, und sofort überlegte ich, ob ich wohl zu viel geredet hatte und zu lange geblieben war. Wir gaben uns alle die Hand und Jon sagte: »Wir werden mit Ihrem Manager sprechen, Sie hören noch vor Ende der Woche von uns.«

Ja, ich mochte sie, und ich hoffte, dass auch sie mich mochten.

Drei Tage später rief Jerry an. »Ich habe gutes Geld für dich bekommen, du darfst nach San Francisco.«

Ich jubelte den ganzen Weg zur Bibliothek.

Mit ausreichend Zeit und einer hilfsbereiten Bibliothekarin kann jede noch so unbegabte Person lernen, den Taj Mahal nachzubauen. Ich stürzte mich auf Bücher über Fernsehdokumentationen. Ich las Anleitungen darüber, wie man Fernsehfilme schreibt, und Berichte über Produktion und Regie.

Ich kniete mich richtig rein und lernte Sätze und Wörter auswendig, die ich noch nie gehört hatte. Tonangel, Filmklappe und Kamerawinkel, Stativ, Zweiteinstellung und Gegenschuss. Nach einer Woche hatte ich meinen Wortschatz deutlich erweitert. Wenn ich nicht gerade etwas über das Fernsehen las, dann schrieb ich etwas für das Fernsehen.

Ich ging davon aus, dass ich durch den Einstieg in die Praxis alles lernen würde, aber ich würde schneller und leichter lernen, wenn ich mich schon mal mit der Sprache vertraut gemacht hatte.

Ich entwarf eine Serie mit dem Titel *Blacks. Blues. Black!* Wir waren Schwarze in Afrika, bevor wir als Sklaven nach Amerika gebracht wurden, wo wir den Blues erfanden, und jetzt wurden wir auf schmerzhafte und stolze Weise wieder zu aufrechten, freien Schwarzen.

Ziel der von mir moderierten Serie war es, den Einfluss afrikanischer Kultur auf den Westen darzulegen. Ich wollte die Musikalität der Dichtkunst und die Bildlichkeit der Prosa präsentieren. In einer Folge wollte ich B. B. King Blues spielen und Kirchenchöre Spirituals und Gospels singen lassen. Ich wollte afrikanischen, afroamerikanischen und modernen Tanz zeigen und auf die Gemeinsamkeiten hinweisen. Afrikanische Bildhauerkunst sollte als Ursprung und Ressource der Kreativität vieler westlicher Künstler nachgewiesen werden. Ich wollte Masken der Fante, der Aschanti und der Dogon neben den Werken von Picasso, Klee, Modigliani und Rouault zeigen.

Ich war ganz aufgeregt bei der Vorstellung, nach San Francisco zurückzukehren und dort etwas zu tun zu haben, und ich glaubte fest daran, dass ich meine Sache gut machen würde.

32

Ich war so aufgeregt, dass das Klingeln des Telefons kaum zu mir durchdrang.

»Mein Name ist Robert Loomis, ich bin Verleger bei Random House. Judy Feiffer hat mir von Ihnen erzählt. Sie sagte, Sie würden wunderbare Geschichten erzählen.«

»Wie nett von ihr. James Baldwin und ihr Mann haben aber noch bessere erzählt.«

»Ich rufe an, weil ich Sie fragen wollte, ob Sie vielleicht eine Autobiografie schreiben möchten?«

Ich sagte: »Nein, danke. Ich schreibe Gedichte und Theaterstücke.«

Er fragte: »Sind Sie sicher?«

»Ja, ganz sicher. Und in ein paar Tagen reise ich nach San Francisco, um dort eine Fernsehserie für einen öffentlichen Sender zu schreiben und zu moderieren. Ich werde mindestens einen Monat weg sein.«

»Würden Sie mir eine Nummer geben, unter der ich Sie in Kalifornien erreichen kann?«

Ich gab ihm Tante Lotties Nummer in San Francisco und Mutters Nummer in Stockton, wo sie inzwischen lebte.

»Ich bin mir ziemlich sicher, dass ich keine Autobiografie schreiben werde. Ich habe nicht gefeiert, aber ich bin gerade erst vierzig geworden. Vielleicht in zehn oder zwanzig Jahren.« Wir lachten beide und legten auf.

In San Francisco suchte ich mir Tänzerinnen und Sänger und Musikerinnen und Komiker. Ich besuchte Kirchen, Synagogen und Gemeindezentren. Am Tag der ersten Filmaufnahmen rief Bob Loomis wieder an.

»Miss Angelou, ich wollte hören, ob Sie es sich vielleicht inzwischen anders überlegt haben und nun doch eine Autobiografie für Random House schreiben möchten.«

Ich sagte: »Mr. Loomis, ich bin überzeugt, keine Autobiografie schreiben zu können. Ich stecke bis über beide Ohren in der Arbeit an dieser Fernsehserie. Wenn ich nach New York zurückkomme, würde ich aber gerne mit Ihnen über einen Gedichtband reden.«

Er sagte: »Gut«, klang dabei aber nicht sonderlich begeistert. »Viel Glück.«

Ich freute mich, dass sich in San Francisco alles ganz wunderbar fügte. Die Pfarrer, die ich ansprach, waren liebenswürdig, die Chorleiter talentiert und kooperativ. Von Bischof Trevor Hoy an der Pacific School of Religion lieh ich eine ganze Sammlung von Makonde-Skulpturen, und man gestattete mir, Gottesdienste zu filmen. Ich nahm Drehteams mit in Grundschulen und Privathäuser.

Blacks. Blues. Black! wurde gut aufgenommen. Die *Sun Times*, eine Schwarze Lokalzeitung, besprach das Format hymnisch. Rosa Guy und Dolly kamen zur Premiere.

Einige, die skeptisch geguckt hatten, als ich mit der Serie anfing, rissen sich jetzt darum, darin mitzuwirken. Schulen zeigten die Sendungen im Unterricht, und wie ich hörte, griffen einige Prediger in San Francisco sonntags auf der Kanzel meine Themen auf.

An meinem letzten Tag rief Robert Loomis wieder an. Ich bin sicher, er hatte mit James Baldwin gesprochen. Er sagte: »Miss Angelou. Robert Loomis hier. Ich werde Sie nicht mehr bedrängen. Und ich muss sagen, wahrscheinlich haben Sie Recht, wenn Sie keine Autobiografie schreiben wollen, weil es nämlich so gut wie unmöglich ist, eine literarische Autobiografie zu schreiben. So gut wie unmöglich.«

Ich dachte überhaupt nicht nach. Das war auch nicht nötig. Ich sagte: »Ach, vielleicht versuche ich es mal. Ich weiß nicht, was dabei herauskommt, aber einen Versuch ist es wert.«

Die Stimme meiner Großmutter Henderson klang mir in den Ohren: »Frisch gewagt ist halb gewonnen.«

»Wenn Sie bereit wären, mal vierzig, fünfzig Seiten zu schreiben und mir zu schicken, dann können wir sehen, ob wir Ihnen einen Vertrag anbieten können. Wann könnten Sie denn anfangen?«

»Morgen.«

33

Rosa, Dolly und ich fuhren gemeinsam übers Wochenende zu meiner Mutter nach Stockton, bevor wir nach New York zurückkehrten.

Mutter kochte und lachte und trank und erzählte Geschichten und tänzelte durch ihr schönes Haus, stolz auf mich, stolz auf sich, stolz auf Dolly und Rosa.

Sie sagte, Schwarze Frauen seien etwas Besonderes. Nur wenige Männer, gleich welcher Hautfarbe, und noch weniger weiße Frauen könnten damit umgehen, wie großartig wir seien.

»Mädels, ich bin stolz auf euch.«

Am frühen Morgen nahm ich meinen gelben Block und einen Kugelschreiber und setzte mich damit an den Küchentisch.

Ich dachte über Schwarze Frauen nach und darüber, wie wir so wurden, wie wir nun waren. In unserem Land standen ganz oben in der Hierarchie immer weiße Männer, unter ihnen waren weiße Frauen, unter diesen Schwarze Männer und ganz unten Schwarze Frauen, sie waren schon immer die unterste Schicht.

Wie kam es, dass wir eine Nation von Fremden großgezogen hatten, Hausmädchen zahlloser uns verachtender Menschen gewesen waren und trotzdem immer noch erhobenen Hauptes und stolz durchs Leben gingen?

Ich dachte über die Menschheit nach, so weit zurück

in die Vergangenheit, wie ich über sie gelesen hatte, über unsere Taten und Untaten. Laut einiger Wissenschaftler waren wir dazu geboren, für immer im Sumpf zu kriechen, aber aus irgendeinem noch ungeklärten Grund hatten wir beschlossen, uns aufzurichten und der Schwerkraft zum Trotz aufrecht stehen zu bleiben. Wir Fleischfresser beschlossen, unsere Brüder und Schwestern nicht zu essen, sondern zu versuchen, sie zu respektieren. Und mehr als das, zu versuchen, sie zu lieben.

Manche liebten Kriegslieder, spritzendes Blut und die Schreie derer, die auf den Schlachtfeldern starben.

Und manche von Natur aus kriegslüsterne Wesen beschlossen, ihre Schwerter und Schilder niederzulegen und zu versuchen, keinen Krieg mehr zu führen.

Manche hörten Engel singen, Harmonien eines himmlischen Chors, oder zumindest sphärische Musik.

Wir waren schon so weit gekommen, seit alles begonnen hatte, und doch noch weit entfernt vom Ziel, aber auf unserem Weg wurden wir immer besser.

Ich dachte, wenn ich ein Buch schrieb, dann müsste ich mich damit befassen, was genau den Menschen dazu befähigt, sich immer wieder zu erheben, trotz aller Seilschlingen und Pfeilspitzen eines unzumutbaren Schicksals.

Sich zu erheben aus körperlichem Schmerz und psychischer Grausamkeit.

Sich zu erheben darüber, Opfer von Vergewaltigung, Misshandlung und Vernachlässigung geworden zu sein, und zu beschließen, kein Opfer von irgendetwas zu sein.

Sich zu erheben und bereit zu sein, immer wieder weiterzumachen.

Ich musste an einen Kinderreim denken, aus der Zeit in Arkansas, als ich nicht sprach, einen Reim, in dem es hieß, ganz gleich, wie sehr du dich am Boden wähnst, du bist auf dem Weg bis ganz nach oben.

Ich schrieb die erste Zeile des Buches, das den Titel *Ich weiß, warum der gefangene Vogel singt* tragen sollte.

»Was siehst du mich an? Ich kam nicht, um zu bleiben.«

Dank

Ich danke sieben meiner irdischen Lehrer:

Den Geistlichen
Frederick Buechner
Eric Butterworth
Serenus T. Churn, sr.
H. Beecher Hicks
Barbara King
Cecil Williams
Andrew Young